KB065648

주식투자 이제 시작해 볼까?

주식투자 이제 시작해 볼까?

백광석 지음

다온길

프롤로그

주식투자자들의 모든
궁금증을 풀어드립니다

처음 주식 투자를 시작했을 때 나는 매일 주가 변동에 일희일비했다. 매일 아침 눈을 뜨자마자 제일 먼저 하는 일이 주식 앱을 여는 것이었고, 업무 중에도 계속 주가를 체크해야 했다. 주가가 오르는 날은 기분이 좋아 모든 일이 잘 풀리는 듯했지만, 주가가 떨어진 날에는 아무 것도 할 수 없을 정도로 마음이 무거웠다. 점심 시간에도 동료들과 함께하는 식사 대신, 혼자 주가 그래프를 들여다보며 고민하곤 했다.

그렇게 시장의 흐름을 제대로 이해하지 못한 채, 감정적으로 반응하는 날들이 많았다. 어느 날, 주가가 급락해 큰 손실을 본 후, 자책감에 빠져있던 내게 한 투자 선배가 말했다. "투자는 심리 싸움이야. 냉철하게 판단할 수 있어야 해." 그는 차분한 목소리로 자신의 경험을 이야기해주었다. 그 선배 역시 처음에는 나처럼 감정적으로 휘둘리며 많은 실수를 했지만, 점차 냉철한 판단력과 심리적 안정을 갖추면서 성공적인 투자자가 될 수 있었다고 했다.

그 순간 나는 주식 투자의 진정한 핵심을 깨닫게 되었다. 단순히 주가의 등락에 따라 반응하는 것이 아니라, 시장의 흐름을 이해하고, 냉철하게 판단하며, 감정에 휘둘리지 않는 것이 중요하다는 것을 알게 되었다.

많은 초보 투자자들이 주식 투자에서 어려움을 겪는다. 주식의 기본 개념을 이해하지 못하거나, 시장 분석 방법을 모른 채 투자에 뛰어드는 경우가 많다. 리스크를 관리하지 못해 큰 손실을 보기도 하고, 투자 심리를 제대로 다스리지 못해 감정적으로 대응하는 실수를 하기도 한다. 이 책은 이런 문제들을 해결하기 위해 주식 투자에 필요한 모든 단계를 체계적으로 안내한다. 주식 투자의 기본부터 심리 관리까지, 성공적인 투자를 위한 실질적인 조언을 제공한다.

"투자는 단순하지만, 쉽지는 않다." 워런 버핏의 이 말은 주식 투자에 대한 진리를 꿰뚫고 있다. 주식 시장은 매일 수많은 변동이 일어나며, 그 안에서 안정적인 수익을 내기란 쉬운 일이 아니다. 하지만 올바른 지식과 전략을 갖춘다면, 누구나 성공적인 투자자가 될 수 있다.

이 책을 통해 주식 투자의 기초부터 심리 관리까지, 성공적인 투자를 위한 모든 과정을 체계적으로 배울 수 있다. 주식 초보자들이 안정적이고 성공적인 투자를 시작할 수 있기를 바란다.

백광석

차례 〰〰〰〰〰〰〰〰〰〰〰〰〰〰〰〰〰〰〰〰〰〰

프롤로그   4

1장 ─────────────
주식 투자의 기본 개념을 이해하는 10가지

01 주식이란 무엇인가요?   11

02 주식 시장은 어떻게 운용되나요?   14

03 주식과 채권의 차이점은 무엇인가요?   21

04 주식 투자를 시작하려면 무엇이 필요한가요?   25

05 주식의 가격은 어떻게 결정되나요?   30

06 주식 종목을 선택할 때 고려해야 할 점은 무엇인가요?   36

07 다양한 주식 투자 전략에는 어떤 것들이 있나요?   42

08 주식 시장에서의 리스크와 이를 관리하는 방법은 무엇인가요?   47

09 배당금이란 무엇이며, 어떻게 받나요?   52

10 주식 용어(예 : PER, PBR, EPS 등)는 무엇을 의미하나요?   57

2장 ─────────────
주식 시장 분석을 위한 10가지

01 기술적 분석과 기본적 분석의 차이는 무엇인가요?   65

02 주식 차트는 어떻게 읽나요?   71

03 이동평균선이란 무엇이며, 어떻게 사용하나요?   78

04 거래량 분석은 왜 중요한가요?   82

05 주식의 가치 평가 방법은 무엇인가요?   87

06 재무제표는 어떻게 분석하나요?   93

07 주식의 목표가는 어떻게 설정하나요?   97

08 호재와 악재는 주가에 어떤 영향을 미치나요?   102

09 주식 관련 뉴스를 어떻게 해석하나요?   106

10 시장 지표(예 : KOSPI, NASDAQ 등)는 무엇을 의미하나요?   112

3장 ────────────
성공적인 투자 전략 10가지

01 장기 투자와 단기 투자의 차이점은 무엇인가요?   119

02 분산 투자란 무엇이며, 왜 중요한가요?   124

03 가치 투자란 무엇인가요?   127

04 성장 주식과 배당 주식의 차이는 무엇인가요?   129

05 ETF와 펀드는 무엇이며, 어떻게 투자하나요?   131

06 투자 목표 설정은 어떻게 해야 하나요?   135

07 주식 포트폴리오는 어떻게 구성하나요?   139

08 평균 매수 단가를 낮추는 방법은 무엇인가요?   142

09 주식 투자와 적립식 투자의 차이는 무엇인가요?   145

10 스탑로스는 필수인가요?   148

4장 ────────────
투자 심리와 행동 요령 10가지

01 투자 심리가 주가에 미치는 영향은 무엇인가요?   153

02 공포와 탐욕의 사이클은 무엇인가요?   156

03 주식 시장에서 감정 관리는 어떻게 하나요?   162

04 손절매와 익절매는 왜 중요한가요?   165

05 개인 투자자들이 자주 저지르는 실수는 무엇인가요?   168

06 손실을 견디는 방법은 무엇인가요?   171

07 과도한 거래를 피하는 방법은 무엇인가요?   174

08 자기만의 투자 원칙을 세우는 방법은 무엇인가요?   178

09 투자 일지를 작성하는 방법은 무엇인가요?   182

10 성공적인 투자자가 되기 위해 필요한 습관은 무엇인가요?   185

5장
주식 투자에서 자주 묻는 질문 10가지

01 상장주와 비상장주의 차이는 무엇인가요?   191

02 주식에서 액면분할이란 무엇이며, 주가에 어떤 영향을 미치나요?   194

03 공매도란 무엇인가요?   197

04 주식 담보대출은 무엇이며, 어떻게 이용하나요?   201

05 기업공개는 무엇인가요?   204

06 시가총액이란 무엇인가요?   208

07 유동성이란 무엇인가요?   212

08 정치적 이벤트가 주가에 미치는 영향은 무엇인가요?   215

09 환율 변동이 주식에 미치는 영향은 무엇인가요?   218

10 금리 변동이 주가에 미치는 영향은 무엇인가요?   221

1장

주식 투자의
기본 개념을
이해하는 10가지

주식의 개념과 시장 운영 방식을 이해하고, 주식과 채권의 차이점을 배웁니다. 주식 투자를 시작하기 위한 준비물과 주식 가격 결정 방식을 익힙니다. 종목 선택 시 고려할 사항과 다양한 투자 전략을 학습하며, 주식 시장의 리스크와 관리 방법을 알아봅니다. 배당금의 개념과 주요 주식 용어(PER, PBR, EPS 등)를 설명합니다.

주식이란 무엇인가요?

주식은 한 회사의 소유권을 나타내는 증서입니다. 주식을 보유한다는 것은 그 회사의 일부를 소유하고 있다는 의미입니다. 주식은 회사가 자금을 조달하기 위해 발행하며, 투자자들은 이를 구매하여 회사의 일부 소유자가 됩니다.

어떻게 주식이 생겨났을까요?

회사는 성장하고 새로운 프로젝트를 시작하기 위해 많은 자금이 필요할 때가 있습니다. 이를 위해 회사는 은행에서 돈을 빌리거나, 주식을 발행하여 투자자들에게 판매할 수 있습니다. 주식을 발행하면 회사는 자금을 얻고, 투자자들은 주식을 소유함으로써 회사의 일부 소유권을 가지게 됩니다.

주식을 소유하면 어떤 이점이 있나요?

1. **배당금** : 회사가 이익을 내면 주주들에게 배당금을 지급할 수 있습니다. 배당금은 회사의 이익 중 일부를 주주들에게 나눠주는 것으로, 주식을 보유한 기간 동안 정기적으로 받을 수 있습니다.

2. **주가 상승** : 회사의 실적이 좋아지면 주식의 가치가 상승할 수 있습니다. 예를 들어, 1주에 1만 원에 산 주식이 회사의 성공으로 2만 원이 되면, 주식을 팔아 차익을 얻을 수 있습니다.

3. **의결권** : 주식을 보유하면 회사의 중요한 의사 결정에 참여할 수 있는 권리를 줍니다. 주주 총회에서 의결권을 행사하여 회사의 방향성을 결정하는 데 영향을 미칠 수 있습니다.

주식을 어떻게 살 수 있을까요?

1. **증권 계좌 개설** : 주식을 사기 위해서는 먼저 증권사에서 증권 계좌를 개설해야 합니다. 증권 계좌는 주식을 사고팔 수 있는 계좌입니다. 은행이나 온라인을 통해 쉽게 개설할 수 있습니다.

2. **주식 매수** : 증권 계좌를 개설한 후, 원하는 회사의 주식을 매수할 수 있습니다. 이는 증권사 홈페이지나 모바일 앱을 통해 간편하게 할 수 있습니다.

3. **정보 수집** : 주식을 매수하기 전에 해당 회사의 재무 상태, 성장 가능성, 시장 동향 등을 충분히 조사하는 것이 중요합니다. 이를 통해 더 나은 투자 결정을 내릴 수 있습니다.

주식을 살 때 주의해야 할 점은 무엇인가요?

주식 투자는 위험이 따릅니다. 회사의 상황이나 시장의 변동에 따라 주가가 내려갈 수 있으며, 투자한 돈을 잃을 수도 있습니다. 따라서 다음과 같은 점들을 주의해야 합니다.

1. **분산 투자** : 하나의 주식에만 투자하지 않고 여러 주식에 분산 투자함으로써 위험을 줄일 수 있습니다.

2. **장기 투자** : 주식 시장은 단기적으로 변동성이 크지만, 장기적으로는 안정적인 수익을 기대할 수 있습니다. 장기적인 시각으로 투자를 계획하는 것이 중요합니다.

3. **철저한 조사** : 투자를 결정하기 전에 해당 회사와 관련 산업에 대해 철저한 조사를 해야 합니다. 회사의 재무제표, 경영진, 시장 환경 등을 분석하여 신중하게 결정해야 합니다.

주식 시장은 어떻게 운영되나요?

주식 시장은 투자자들이 주식을 사고팔 수 있는 장소입니다. 이는 기업이 자금을 조달하고, 투자자들이 자본을 투자하여 이익을 얻을 수 있는 중요한 역할을 합니다. 주식 시장의 작동 원리를 이해하는 것은 주식 투자를 성공적으로 하기 위한 첫걸음입니다.

주식 시장은 크게 두 가지로 나눌 수 있습니다. 발행 시장과 유통 시장입니다.

1. **발행 시장** : 기업이 처음으로 주식을 발행하고 이를 투자자들에게 판매하는 시장입니다. 이를 통해 기업은 필요한 자금을 조달할 수 있습니다. 예를 들어, 기업이 새로운 프로젝트를 위해 자금이 필요할 때 주식을 발행하여 투자자들에게 판매합니다. 발행 시장에서 주식을 구매하는 과정을 'IPO_{Initial Public Offering}(기업공개)'라고 합니다. 공모를 통해

기업은 공식적으로 주식시장에 상장되며, 이후 주식은 유통 시장에서 거래됩니다.

2. **유통 시장** : 이미 발행된 주식이 투자자들 사이에서 거래되는 시장입니다. 이 시장에서의 거래는 기업과는 직접적인 관련이 없으며, 투자자들 간에 주식의 소유권이 이전됩니다. 유통 시장은 주식 거래소(예 : 뉴욕증권거래소*, 나스닥*, 한국거래소* 등)에서 운영되며, 투자자들은

> **뉴욕증권거래소**
> 미국 뉴욕시에 있는 세계 최대 규모의 증권거래소
>
> **나스닥**
> 미국의 또 다른 주요 증권거래소. 전자거래 시스템을 통해 운영되며, 기술 중심 기업들이 많이 상장되어 있음(애플, 마이크로소프트, 구글 등)
>
> **한국거래소**
> 대한민국의 유일한 증권거래소. 주요 지수로는 코스피와 코스닥이 있음.

이 시장을 통해 주식을 사고파는 것으로 수익을 창출하려고 합니다. 유통 시장은 주식의 가격이 수요와 공급에 의해 결정되는 곳으로, 투자자들은 이를 통해 다양한 투자 전략을 실행할 수 있습니다.

주식 거래는 주식 시장에서 매수자와 매도자 간의 거래를 통해 이루어집니다. 주식의 가격은 수요와 공급에 따라 결정됩니다. 예를 들어, 많은 투자자가 특정 주식을 사고자 하면 그 주식의 가격은 오르고, 반대로 팔고자 하는 투자자가 많으면 그 주식의 가격은 내립니다.

1. **주식 주문** : 투자자는 증권사를 통해 주식을 매수하거나 매도할 수 있습니다. 주식 주문은 시장가 주문과 지정가 주문으로 나뉩니다.

- 시장가 주문 : 현재 시장에서 거래 가능한 가격으로 즉시 매수 또는 매도하는 주문입니다.
- 지정가 주문 : 투자자가 원하는 가격을 지정하여 그 가격에 도달할 때까지 기다리는 주문입니다.

2. **호가창** : 주식 주문이 들어오면, 호가창에 매수와 매도의 가격과 수량이 기록됩니다. 호가창은 실시간으로 갱신되며, 투자자들은 이를 통해 현재의 매수와 매도 상황을 파악할 수 있습니다.

3. **거래 체결** : 매수자와 매도자의 주문 가격이 일치하면 거래가 체결됩니다. 예를 들어, A 투자자가 1만 원에 삼성전자의 주식을 사고 싶고, B 투자자가 1만 원에 팔고 싶다면 거래가 성사됩니다.

4. **결제 및 청산** : 거래가 체결되면 증권사는 결제 및 청산 과정을 진행합니다. 결제는 매수자에게 주식을 전달하고 매도자에게 대금을 지급하는 과정입니다. 이 과정은 통상적으로 2영업일 T+2) 안에 완료됩니다.

주식 시장에는 다양한 참여자가 있습니다. 개인 투자자는 주식 시장의 일반 대중 투자자들로, 개인적인 재산을 투자하여 이익을 얻고자 합니다. 기관 투자자는 은행, 보험사, 연기금, 자산운용사 등 큰 규모의 자금을 운용하는 투자자들로, 대규모 자금을 투자하여 주식 시장에 큰 영향을 미칩니다. 증권사는 주식 거래를 중개하는 기관으로, 개인 및 기관 투자자들이 주식을 사고팔 수 있도록 도와주며, 수수료를 통해 이익을 얻습니다. 시장 조성자는 주식 시장의 유동성을 제공하는 역할을 하며, 매수와 매도의 스프레드를 통해 이익을 얻고, 시장의 원활한 거래를 지원합니다.

주식 시장의 주요 지표로는 주가지수, 거래량, 시가총액 등이 있습니다. 주가지수는 특정 시장의 전반적인 가격 수준을 나타내는 지표로, 국내에서는 코스피$_{KOSPI}$와 코스닥$_{KOSDAQ}$ 지수가 대표적입니다.

1. **주가지수** : 주가지수는 여러 주식의 가격을 종합하여 하나의 지표로 나타낸 것입니다.
   - 코스피 : 한국거래소에 상장된 대형 기업들의 주가를 종합하여 산출하는 지수입니다. 코스피 지수는 한국 주식 시장의 전반적인 건강 상태를 나타냅니다.

- 코스닥 : 한국거래소의 코스닥 시장에 상장된 중소형 기업들의 주가
를 종합하여 산출하는 지수입니다. 코스닥 지수는 중소형 기술주와
벤처 기업들의 성과를 반영합니다.

2. **거래량** : 거래량은 일정 기간 거래된 주식의 총 수량을 나타냅니다.
거래량이 많으면 시장에 관한 관심이 높다는 것을 의미합니다. 이는
주식의 유동성과 투자자들의 참여도를 평가하는 중요한 지표입니다.

3. **시가총액** : 시가총액은 한 회사의 주식 총수를 현재 주가로 곱한 금액
입니다. 이는 회사의 규모를 나타내는 중요한 지표로, 시가총액이 클
수록 그 회사가 시장에서 차지하는 비중이 크다는 것을 의미합니다.
예를 들어, 삼성전자와 같은 대형 기업은 시가총액이 매우 큽니다.

주식 시장에서 이 지표들은 투자자들이 시장의 전반적인 상태를 파악하
고, 개별 주식의 가치를 평가하는 데 중요한 역할을 합니다. 주가지수는 시
장의 전반적인 흐름을 보여주고, 거래량은 투자자들의 활동성을 나타내며,
시가총액은 기업의 규모와 시장에서의 중요성을 평가하는 데 사용됩니다.
이러한 지표들을 종합적으로 분석하면 투자자들은 더 나은 투자 결정을
내릴 수 있습니다.

주식 시장의 가격은 여러 요인에 의해 변동합니다. 경제 지표는 주식 시
장에 큰 영향을 미치며, GDP 성장률, 실업률, 물가상승률 등이 대표적입니

다. 기업의 실적 발표는 주가에 직접적인 영향을 미치며, 매출, 순이익, 영업이익 등의 지표가 좋으면 주가가 상승하고, 나쁘면 하락합니다. 중앙은행의 금리 정책도 주식 시장에 큰 영향을 미치며, 금리가 낮아지면 투자비용이 줄어들어 주식 시장에 긍정적인 영향을 미칩니다. 정치적 사건은 주식 시장에 큰 변동을 일으킬 수 있으며, 투자자들의 심리도 주식 시장에 큰 영향을 미칩니다.

주식 시장은 공정하고 투명하게 운영되기 위해 여러 규제와 보호 장치가 마련되어 있습니다. 한국에서는 금융감독원*과 금융위원회*가 주식 시장의 규제와 감독을 담당하는 주요 기관입니다. 이들 기관은 시장의 공정성과 투자자 보호를 위해 다양한 활동을 합니다.

금융감독원
금융 시장의 안정성과 공정성을 유지하기 위해 금융기관을 감독하고, 금융 거래를 규제

금융위원회
금융정책을 수립하고, 금융 시스템의 안정성을 확보하는 역할을 함.

기업은 주식 시장에 상장되면 정기적으로 재무 상태와 경영 성과를 공시해야 합니다. 전자공시시스템$_{DART}$*을 통해 기업의 공시 정보를 공개하고 있습니다. 투자자들은 DART를 통해 기업의 재무제표, 경영 보고서, 주주총회 결과 등 다양한 정보를 투명하게 확인할 수 있습니다. 이를

전자공시시스템
상장법인 등이 공시서류를 인터넷으로 제출하고, 투자자 등 이용자가 제출 즉시 인터넷을 통해 조회할 수 있도록 하는 종합적 기업공시 시스템

통해 투자자들은 기업의 실적을 정확하게 파악하고, 투자 결정을 내릴 수

있습니다.

또한, 내부자 거래 금지 제도는 공정한 시장을 유지하기 위한 중요한 규제입니다. 내부자 거래는 기업 내부의 중요 정보를 이용해 주식을 거래하는 행위로, 이는 다른 투자자들에게 불공정한 상황을 초래할 수 있습니다. 내부자 거래를 엄격히 금지하고 있으며, 이를 위반할 때 강력한 처벌을 받습니다. 이는 모든 투자자가 공평한 정보에 기반해 투자 결정을 내릴 수 있도록 하기 위한 조치입니다.

03
주식과 채권의 차이점은 무엇인가요?

　주식과 채권의 차이점에 관해 설명하기 전에, 먼저 이 두 가지 금융 상품이 무엇인지 간단히 설명하겠습니다.

　주식은 기업이 자금을 조달하기 위해 발행하는 증권으로, 주식을 보유한 사람은 그 기업의 소유권을 일부 보유하게 됩니다. 이는 주주가 될 권리를 의미하며, 기업이 성공할 때 주주들은 배당금을 받거나 주식의 가치가 상승하면서 이익을 얻을 수 있습니다. 그러나 기업이 실패하면 주식의 가치는 하락할 수도 있습니다.

　채권은 정부, 기업, 기타 기관이 자금을 조달하기 위해 발행하는 증서로, 이는 일종의 빚문서입니다. 채권을 보유한 사람은 채권 발행자에게 돈을 빌려준 것이며, 발행자는 일정 기간 정기적으로 이자를 지급하고 만기일에 원금을 상환합니다. 채권은 대체로 고정된 이자 수익을 제공하므로 상대적으로 안정적인 투자로 간주합니다.

이제 주식과 채권의 주요 차이점들을 몇 가지 측면에서 살펴보겠습니다.

1. 소유권 대 채무 관계

- 주식 : 주식을 사면 그 회사의 일부분을 소유하게 됩니다. 이는 회사의 소유권을 의미하며, 주주는 기업의 경영 활동에 대한 발언권을 가지게 됩니다. 예를 들어, 주주는 주주총회*에 참석해 의결권을 행사할 수 있습니다.

> **주주총회**
> 주식회사의 최고 의결기관으로, 주주 전원에 의해 구성됩니다.

- 채권 : 채권을 사면 그 회사나 정부에 돈을 빌려주는 것이며, 채권자는 채권 발행자에게 일정 기간 이자를 받고 만기일에 원금을 돌려받습니다. 이는 소유권이 아닌 채무 관계를 의미합니다.

2. 수익 구조

- 주식 : 주식의 수익은 주로 두 가지에서 나옵니다. 첫째, 기업이 이익을 낼 경우 배당금을 받을 수 있습니다. 둘째, 주식 가격이 상승하면 주식을 매도할 때 차익을 얻을 수 있습니다. 그러나 기업의 실적이 나쁠 경우 주식 가격이 하락하여 손실을 볼 수도 있습니다.
- 채권 : 채권은 고정된 이자 수익을 제공합니다. 채권을 발행할 때 정해진 이자율에 따라 정기적으로 이자를 받으며, 만기일에 원금을 돌려받습니다. 채권의 가격은 이자율 변화에 따라 변동할 수 있지만, 일반적으로 채권의 수익은 안정적입니다.

3. 위험과 안정성

- 주식 : 주식은 변동성이 크고 위험이 큽니다. 기업의 성과에 따라 주식의 가치가 크게 변동할 수 있습니다. 따라서 주식 투자는 높은 수익을 기대할 수 있지만, 동시에 큰 손실의 위험도 있습니다.
- 채권 : 채권은 비교적 안전한 투자로 간주됩니다. 채권 발행자가 파산하지 않는 한, 채권자는 정기적인 이자와 원금을 받을 수 있습니다. 그러나 채권도 발행자의 신용 위험에 노출되며, 이자율 변화에 따라 시장 가격이 변동할 수 있습니다.

4. 투자 목적

- 주식 : 주식은 장기적인 자본 성장과 높은 수익을 목표로 하는 투자자에게 적합합니다. 고위험 고수익의 특성이 있기 때문에, 자산을 장기간 투자할 수 있고, 단기적인 변동성을 견딜 수 있는 투자자에게 적합합니다.
- 채권 : 채권은 안정적인 수익과 원금 보전을 목표로 하는 투자자에게 적합합니다. 특히 은퇴자나 안정적인 현금 흐름을 원하는 투자자에게 유리합니다.

5. 시장과 거래

- 주식 : 주식은 주식시장(증권거래소)에서 거래됩니다. 주식시장은 매우 활발하고, 주식 가격은 실시간으로 변동합니다.
- 채권 : 채권은 주식시장과는 다른 채권시장에서 거래됩니다. 일부

채권은 증권거래소에서 거래되지만, 대부분의 채권 거래는 장외시장*에서 이루어집니다.

장외시장
증권거래소 외부에서 이루어지는 유가증권 거래를 의미함.

주식과 채권은 서로 다른 특성과 목적을 가진 투자 상품입니다. 주식은 기업의 소유권을 제공하고 높은 수익을 기대할 수 있지만, 변동성과 위험이 큽니다. 반면에 채권은 채권자와 발행자 간의 채무 관계를 기반으로 하며, 비교적 안정적인 수익을 제공합니다. 투자자는 자신의 투자 목적과 위험 허용 범위에 따라 주식과 채권을 적절히 배합하여 투자 포트폴리오를 구성하는 것이 중요합니다.

04

주식 투자를 시작하려면 무엇이 필요한가요?

주식 투자를 시작하려면 몇 가지 필수적인 단계와 준비가 필요합니다. 주식 투자는 많은 사람들이 재정적 자유를 달성하고 자산을 키우기 위해 선택하는 중요한 방법이지만, 이를 성공적으로 수행하기 위해서는 체계적인 접근과 준비가 필요합니다. 아래에서는 주식 투자를 시작하는 데 필요한 사항들을 초보자가 이해하기 쉽게 상세히 설명하겠습니다.

1. 주식 투자에 대한 기본 이해

주식 투자는 특정 기업의 주식을 매수하여 그 기업의 일부 소유권을 가지는 것을 의미합니다. 주식을 소유하면 기업의 이익에 대한 배당금*

배당금
기업이 이익의 일부를 주주들에게 분배하는 금액

을 받을 수 있으며, 주식 가격이 상승할 때 매도하여 자본 이득을 얻을 수도 있습니다. 그러나 주식 가격은 기업의 성과, 경제 상황, 시장 동향 등에 따라 변동하기 때문에 위험이 따릅니다.

2. 투자 목표 설정

주식 투자를 시작하기 전, 왜 투자하는지 명확한 목표를 설정하는 것이 중요합니다. 투자 목표는 투자 전략을 결정하는 데 중요한 역할을 합니다. 예를 들어, 은퇴자금을 마련하기 위한 장기 투자, 자녀 교육비 마련, 단기적인 수익 창출 등 다양한 목표가 있을 수 있습니다.

- 장기 투자 : 은퇴 자금이나 자녀 교육비 등 장기적인 목표를 위해 투자할 경우, 시장의 일시적인 변동에 흔들리지 않고 꾸준히 투자하는 것이 중요합니다.
- 단기 투자 : 단기적인 수익을 목표로 할 경우, 시장의 변동성을 주의 깊게 관찰하고 빠르게 대응할 수 있는 전략이 필요합니다.

3. 투자 계획 수립

목표를 설정한 후에는 구체적인 투자 계획을 세워야 합니다. 투자 계획에는 다음과 같은 요소들이 포함됩니다.

- 투자 기간 : 투자를 유지할 기간을 설정합니다. 장기 투자인지 단기 투자인지에 따라 접근 방식이 다릅니다.
- 기대 수익률 : 현실적인 기대 수익률을 설정합니다. 지나치게 높은 기대 수익률은 투자 실패로 이어질 수 있습니다.
- 위험 허용 범위 : 감당할 수 있는 위험 수준을 결정합니다. 각 개인의 재정 상황에 따라 위험 허용 범위는 다릅니다.

4. 금융 지식 및 정보 습득

주식 투자를 성공적으로 하기 위해서는 충분한 금융 지식과 정보를 습득하는 것이 중요합니다. 다음과 같은 방법으로 금융 지식을 쌓을 수 있습니다.

- 도서 및 온라인 자료 : 주식 투자와 관련된 책이나 온라인 자료를 통해 기초 지식을 습득합니다.
- 교육 프로그램 : 금융 기관이나 온라인 플랫폼에서 제공하는 주식 투자 교육 프로그램에 참여합니다.
- 뉴스 및 시장 동향 : 경제 뉴스와 시장 동향을 주기적으로 확인하여 최신 정보를 유지합니다.

5. 투자 계좌 개설

주식 투자를 시작하려면 증권사에 투자 계좌를 개설해야 합니다. 투자 계좌를 개설하는 절차는 다음과 같습니다.

- 증권사 선택 : 자신에게 맞는 증권사를 선택합니다. 수수료, 서비스, 거래 플랫폼 등을 비교하여 결정합니다.
- 계좌 개설 신청 : 증권사의 홈페이지나 지점을 방문하여 계좌 개설을 신청합니다. 일반적으로 신분증과 은행 계좌 정보가 필요합니다.
- 계좌 활성화 : 계좌 개설 후 초기 자금을 입금하여 계좌를 활성화합니다.

6. 포트폴리오 구성

주식 투자를 시작할 때는 분산 투자를 통해 위험을 줄이는 것이 중요합니다. 여러 종목에 분산 투자하여 한 종목의 성과가 나쁘더라도 전체 포트폴리오에 미치는 영향을 최소화할 수 있습니다. 포트폴리오를 구성할 때는 다음을 고려합니다.

- 다양한 산업 섹터 : 다양한 산업 섹터의 주식을 포함해 특정 산업에 대한 의존도를 줄입니다.
- 주식과 다른 자산 : 주식 외에도 채권, 펀드, 부동산 등 다른 자산에 분산 투자합니다.

7. 주식 거래 방법

주식 거래는 주로 증권사에서 제공하는 온라인 거래 플랫폼을 통해 이루어집니다. 주식 거래 방법은 다음과 같습니다.

- 주식 검색 : 투자하고자 하는 기업의 주식을 검색합니다.
- 주문 입력 : 매수할 주식의 수량과 가격을 입력합니다. 시장가 주문과 지정가 주문을 선택할 수 있습니다.
- 주문 확인 : 입력한 주문 내용을 확인하고 주문을 실행합니다.

8. 지속적인 학습과 모니터링

주식 투자는 한번 시작했다고 끝나는 것이 아니라 지속적으로 학습하고 시장을 감시해야 합니다. 주식시장은 끊임없이 변동하므로 최신 정보를 습득하고 자신의 투자 전략을 수정하는 것이 중요합니다.

- 정기적인 포트폴리오 리뷰 : 주기적으로 포트폴리오를 검토하여 성과를 평가하고 필요시 조정합니다.
- 경제 뉴스 및 리포트 : 경제 뉴스와 전문가 리포트를 통해 시장의 변동 요인과 전망을 파악합니다.
- 추가 학습 : 주식 투자 관련 세미나, 워크숍, 온라인 강의를 통해 지속적으로 학습합니다.

주식 투자를 시작하기 위해서는 명확한 목표 설정, 체계적인 투자 계획, 충분한 금융 지식 습득, 적절한 계좌 개설, 분산 투자, 그리고 지속적인 학습과 모니터링이 필요합니다. 주식 투자는 높은 수익을 기대할 수 있지만, 동시에 위험이 따르는 만큼 신중하게 접근하는 것이 중요합니다. 위의 단계를 따라 주식 투자를 준비하고 시작하면 성공적인 투자 경험을 쌓을 수 있을 것입니다.

05
주식의 가격은 어떻게 결정되나요?

주식의 가격은 주식 시장에서 다양한 요인에 의해 결정됩니다. 이러한 요인들은 경제 전반의 상황, 기업의 재무 상태, 시장의 수급 등 여러 가지 복합적인 요소들로 이루어져 있습니다. 주식 초보자들이 주식 가격의 형성 과정을 이해하는 것은 성공적인 투자의 첫걸음이 될 수 있습니다. 아래에서는 주식 가격이 어떻게 결정되는지 단계별로 상세히 설명하겠습니다.

1. 수요와 공급의 법칙

주식 가격은 기본적으로 수요와 공급에 따라 결정됩니다. 이는 모든 시장에서 적용되는 경제학의 기본 원칙입니다.

- 수요 : 특정 주식을 사고자 하는 사람들의 수가 많아질수록 그 주식의 가격은 상승합니다. 이는 사람들이 그 주식의 가치를 높게 평가하고 있다는 뜻입니다.

– 공급 : 반대로 특정 주식을 팔고자 하는 사람들의 수가 많아질수록 그 주식의 가격은 하락합니다. 이는 사람들이 그 주식의 가치를 낮게 평가하고 있다는 뜻입니다.

이 두 가지 요소가 상호작용을 하여 주식의 가격을 결정하게 됩니다.

2. 기업의 실적

기업의 실적은 주식 가격에 큰 영향을 미칩니다. 기업의 실적은 일반적으로 다음과 같은 요소들을 포함합니다.

– 매출과 이익 : 매출과 이익이 증가하면 기업의 재정 상태가 좋다고 평가되어 주식 가격이 상승할 가능성이 큽니다.

– 배당금 : 기업이 주주들에게 지급하는 배당금은 투자자들에게 중요한 요소입니다. 높은 배당금을 지급하는 기업의 주식은 매력적으로 보일 수 있습니다.

– 미래 성장 가능성 : 투자자들은 기업의 미래 성장 가능성을 중요하게 여깁니다. 새로운 제품 출시, 시장 확대 계획 등은 주식 가격에 긍정적인 영향을 미칠 수 있습니다.

3. 경제 전반의 상황

주식 가격은 개별 기업의 실적뿐만 아니라 경제 전반의 상황에도 크게 영향을 받습니다. 주요 경제 지표와 사건들이 주식 시장에 어떻게 영향을 미치는지 살펴보겠습니다.

- GDP* 성장률 : 국가의 경제 성장률이 높으면 기업들의 매출과 이익도 증가할 가능성이 높아져 주식 가격이 상승할 수 있습니다.

GDP(국내총생산)
특정 기간 한 나라 안에서 생산된 모든 최종 상품과 서비스의 시장 가치의 총합

- 실업률 : 낮은 실업률은 경제가 건강하다는 신호로 받아들여져 주식 시장에 긍정적인 영향을 미칩니다.
- 금리 : 금리가 낮으면 기업들이 자금을 쉽게 조달할 수 있어 투자가 활성화되고, 주식 가격이 상승할 수 있습니다. 반대로 금리가 높으면 주식 시장에 부정적인 영향을 미칠 수 있습니다.
- 인플레이션* : 적정 수준의 인플레이션은 경제 성장에 긍정적인 영향을 미칠 수 있

인플레이션
화폐가치가 하락하여 물가가 전반적 ·지속적으로 상승하는 경제 현상

지만, 과도한 인플레이션은 경제 불안정을 초래할 수 있습니다.

4. 시장 심리와 투자자 행동

시장 심리와 투자자 행동도 주식 가격에 큰 영향을 미칩니다. 투자자들의 기대와 감정은 주식 가격의 변동성을 증대시킬 수 있습니다.

- 심리적 요인 : 투자자들은 종종 감정에 따라 매매 결정을 내립니다. 예를 들어, 공포와 불안감은 매도 압력을 증가시켜 주식 가격을 하락시킬 수 있습니다. 반대로 낙관적인 전망은 매수 압력을 증가시켜 주식 가격을 상승시킬 수 있습니다.
- 투자자 행동 : 투자자들은 종종 특정 트렌드를 따라 행동합니다. 예

를 들어, 특정 주식이 상승하기 시작하면 많은 투자자가 이를 따라 매수하여 주식 가격이 더욱 상승하는 경향이 있습니다.

5. 뉴스와 사건

주식 가격은 특정 뉴스나 사건에 따라 급격히 변동할 수 있습니다. 이러한 뉴스와 사건들은 다양한 형태로 나타납니다.

- 기업 관련 뉴스 : 기업의 실적 발표, 경영진 변화, 신제품 출시, 인수합병 등의 뉴스는 주식 가격에 큰 영향을 미칠 수 있습니다.
- 정치적 사건 : 선거, 정책 변화, 국제 분쟁 등의 정치적 사건은 경제 전반에 영향을 미치며, 주식 시장에도 큰 영향을 줄 수 있습니다.
- 자연재해와 비상사태 : 자연재해, 전염병, 테러 등의 비상사태는 경제에 심각한 영향을 미쳐 주식 시장을 불안정하게 만들 수 있습니다.

6. 기술적 분석

기술적 분석은 과거의 주가와 거래량 데이터를 분석하여 미래의 주가를 예측하는 방법입니다. 기술적 분석가들은 다양한 차트와 지표를 사용하여 주식 가격의 움직임을 예측합니다.

- 차트 분석 : 주가 차트는 주식의 과거 가격 변동을 시각적으로 보여줍니다. 차트 분석가들은 패턴을 식별하여 미래의 가격 변동을 예측합니다.
- 기술적 지표 : 이동평균선, RSI(상대강도지수), MACD(이동평균 수렴·발산지수) 등 다양한 기술적 지표들이 사용됩니다. 이러한 지표들은

매수 및 매도 신호를 제공합니다.

7. 펀더멘털 분석

펀더멘털 분석은 기업의 재무 상태, 경영진의 능력, 산업 전망 등을 분석하여 주식의 내재 가치를 평가하는 방법입니다.

- 재무제표 분석 : 기업의 재무제표를 분석하여 수익성, 안정성, 성장성을 평가합니다. 주요 재무제표에는 손익계산서, 대차대조표, 현금흐름표가 포함됩니다.
- 경영진 평가 : 경영진의 능력과 경영 전략을 평가하여 기업의 미래 성장 가능성을 예측합니다.
- 산업 전망 : 해당 기업이 속한 산업의 전망을 분석하여 기업의 성장 가능성을 평가합니다.

8. 세계적 요인

주식 시장은 세계 경제와 밀접하게 연결되어 있습니다. 세계 경제 상황과 주요 국가들의 경제 정책은 주식 가격에 큰 영향을 미칩니다.

- 환율 : 환율 변동은 수출입 기업의 수익성에 영향을 미쳐 주식 가격에 영향을 줄 수 있습니다. 예를 들어, 원화 가치가 상승하면 수출 기업의 수익성이 감소할 수 있습니다.
- 국제 무역 : 무역 협정, 관세, 수출입 규제 등 국제 무역 정책은 세계적 기업들의 실적에 영향을 미칩니다.
- 세계 경제 지표 : 미국, 중국 등 주요 국가들의 경제 지표와 중앙은

행의 정책 변화는 세계 주식 시장에 큰 영향을 미칩니다.

주식의 가격은 수요와 공급, 기업의 실적, 경제 전반의 상황, 시장 심리와 투자자 행동, 뉴스와 사건, 기술적 분석, 펀더멘털 분석, 글로벌 요인, 유동성 등 다양한 요인들에 의해 결정됩니다. 주식 가격은 복잡하고 변동성이 크기 때문에 꾸준한 학습과 시장 모니터링이 필요합니다. 이러한 과정을 통해 투자자들은 더욱 현명한 투자 결정을 내릴 수 있을 것입니다.

06

주식 종목을 선택할 때 고려해야 할 점은 무엇인가요?

주식 종목을 선택하는 것은 투자자들에게 매우 중요한 결정입니다. 잘 선택된 종목은 높은 수익을 가져다줄 수 있지만, 잘못된 선택은 큰 손실을 초래할 수 있습니다.

1. 기업의 재무 상태

기업의 재무 상태는 주식 선택의 기본입니다. 이는 기업이 얼마나 안정적이고 성장 가능성이 있는지를 판단하는 데 중요한 지표가 됩니다.

- 재무제표 분석 : 손익계산서, 대차대조표, 현금흐름표 등을 분석하여 기업의 수익성, 안정성, 성장성을 평가합니다.
- 손익계산서 : 기업의 수익과 비용을 보여줍니다. 순이익이 꾸준히 증가하는 기업은 좋은 투자 대상입니다.
- 대차대조표 : 자산, 부채, 자본을 나타냅니다. 부채 비율이 낮고 자

산이 많은 기업이 안정적입니다.

- 현금흐름표 : 기업의 현금 유입과 유출을 보여줍니다. 현금흐름이 양
호한 기업은 재정적으로 건강합니다.

2. 기업의 성장 가능성

기업의 미래 성장 가능성은 주식의 장기적인 가치 상승을 결정합니다. 성장 가능성이 높은 기업은 시간이 지남에 따라 더 높은 수익을 제공할 수 있습니다.

- 산업 전망 : 기업이 속한 산업의 성장 가능성을 평가합니다. 예를 들어, 기술 혁신이 활발한 산업은 높은 성장 잠재력을 가지고 있습니다.

- 경영진의 역량 : 기업의 경영진이 얼마나 유능하고 신뢰할 수 있는 지를 평가합니다. 경영진의 전략과 비전이 기업의 성장을 이끌어갈 수 있는지 확인합니다.

- 신제품 및 서비스 : 기업이 지속적으로 혁신적인 제품이나 서비스를 개발하고 있는지 확인합니다. 이는 기업의 경쟁력을 유지하고 성장 하는 데 중요합니다.

3. 주가의 적정성

주가가 현재 적정하게 평가되고 있는지를 확인하는 것은 중요합니다. 과대 평가된 주식을 사면 향후 수익이 제한될 수 있습니다.

- PER(주가수익비율) : 주가를 주당순이익$_{EPS}$으로 나눈 값입니다. PER

이 낮을수록 주가가 저평가되어 있을 가능성이 큽니다.

- PBR(주가순자산비율) : 주가를 주당순자산$_{BPS}$으로 나눈 값입니다. PBR이 낮을수록 자산 대비 주가가 저렴합니다.
- PEG(주가수익성장비율) : PER을 예상 성장률로 나눈 값입니다. PEG가 1 이하이면 성장 대비 주가가 저렴합니다.

4. 배당 정책

배당금은 투자자에게 중요한 수익원이 될 수 있습니다. 특히 안정적인 배당금을 지급하는 기업은 투자자들에게 매력적입니다.

- 배당 수익률 : 주당 배당금을 주가로 나눈 값입니다. 배당수익률이 높을수록 투자 수익이 높습니다.
- 배당 성장률 : 배당금이 지속적으로 증가하는지를 확인합니다. 이는 기업의 수익이 안정적이고 성장하고 있음을 나타냅니다.
- 배당 지급 비율 : 순이익 대비 배당금 지급 비율을 확인합니다. 너무 높으면 기업의 재투자 여력이 줄어들 수 있습니다.

5. 경쟁사와의 비교

동일 산업 내에서 경쟁사와 비교하는 것도 중요합니다. 이를 통해 해당 기업이 산업 내에서 어느 위치에 있는지를 파악할 수 있습니다.

- 시장 점유율 : 해당 기업이 산업 내에서 얼마나 많은 시장을 차지하고 있는지 확인합니다. 시장 점유율이 높을수록 유리합니다.
- 비용 구조 : 경쟁사 대비 비용 구조가 효율적인지를 평가합니다. 비

용 효율성이 높으면 경쟁 우위에 있을 가능성이 큽니다.

- 기술력 : 기술 혁신과 연구 개발에 대한 투자를 평가합니다. 기술력
  이 경쟁사 대비 우수하면 장기적인 성장 가능성이 높습니다.

6. 경제 및 정치적 요인

경제와 정치적 요인도 주식 선택에 큰 영향을 미칩니다. 외부 환경이 기업에 미치는 영향을 고려해야 합니다.

- 경제 지표 : 경제 성장률,
  금리*, 인플레이션 등 주요

  금리
  돈을 빌리는 데에 따른 비용 또는 대가를 의미함

  경제 지표를 확인합니다. 경제 상황이 좋으면 기업의 실적도 좋아질
  가능성이 큽니다.
- 정책 변화 : 정부의 규제, 세금 정책, 무역 정책 등이 기업에 미치는
  영향을 평가합니다. 정책 변화에 민감한 산업은 주의가 필요합니다.
- 국제 정세 : 국제 무역, 환율 변동, 국제 분쟁 등 글로벌 요인이 기업
  에 미치는 영향을 고려합니다. 세계 시장에서 활동하는 기업은 이러
  한 요소에 영향을 받을 수 있습니다.

7. 기술적 분석

기술적 분석은 주가와 거래량 데이터를 분석하여 주식의 매수와 매도 시점을 판단하는 데 유용합니다.

- 차트 패턴 : 주가 차트의 패턴을 분석하여 주가의 향후 움직임을 예
  측합니다. 예를 들어, 머리어깨형 패턴은 주가 하락을 예고할 수 있

습니다.

- 기술적 지표 : 이동평균선, RSI(상대강도지수), MACD(이동평균 수렴·발산지수) 등 다양한 지표를 활용하여 매수 및 매도 신호를 포착합니다.
- 거래량 분석 : 거래량이 증가하는 시점에서 주가의 변동성을 예측할 수 있습니다. 거래량이 급증하면 주가의 큰 변동이 예상될 수 있습니다.

8. 위험 관리

주식 투자에는 항상 위험이 따릅니다. 위험을 관리하는 것은 성공적인 투자의 중요한 요소입니다.

- 포트폴리오 다각화 : 다양한 종목에 투자하여 위험을 분산합니다. 특정 종목에 대한 의존도를 줄여 전체 포트폴리오의 안정성을 높입니다.
- 손절매 전략 : 손실이 일정 수준을 초과할 때 자동으로 매도하는 손절매 전략을 설정합니다. 이는 큰 손실을 방지하는 데 유용합니다.
- 시장 트렌드 분석 : 시장의 전반적인 트렌드를 분석하여 투자 전략을 조정합니다. 하락장에서는 방어적인 종목에 투자하고, 상승장에서는 공격적인 종목에 투자합니다.

9. 장기적인 관점 유지

주식 투자에서는 단기적인 변동에 일희일비하지 않고 장기적인 관점을 유지하는 것이 중요합니다.

- 장기적인 투자 목표 설정 : 장기적인 목표를 설정하고 이에 맞춰 투자 전략을 수립합니다. 은퇴 자금, 자녀 교육비 등 장기적인 목표를 고려합니다.
- 꾸준한 투자 : 시장의 변동과 관계없이 꾸준히 투자하는 것이 중요합니다. 정기적으로 일정 금액을 투자하여 평균 매입 단가를 낮추는 방법을 활용할 수 있습니다.
- 인내심과 신뢰 : 장기적인 관점을 유지하기 위해서는 인내심이 필요합니다. 좋은 기업에 대한 신뢰를 하고 지속적으로 투자합니다.

주식 종목을 선택할 때는 기업의 재무 상태, 성장 가능성, 주가의 적정성, 배당 정책, 경쟁사와의 비교, 경제 및 정치적 요인, 기술적 분석, 위험 관리, 장기적인 관점 유지 등 다양한 요소를 종합적으로 고려해야 합니다.

07

다양한 주식 투자 전략에는 어떤 것들이 있나요?

주식 투자 전략에는 다양한 종류가 있으며, 각 전략은 투자자의 목표, 위험 허용 범위, 투자 기간 등에 따라 다르게 적용될 수 있습니다. 주식 투자 전략의 종류를 상세히 설명하겠습니다.

1. 가치 투자

가치 투자는 현재 저평가된 주식을 찾아내어 장기적으로 투자하는 전략입니다. 이 전략은 주식의 내재 가치를 분석하여 현재 시장 가격이 그 가치보다 낮게 평가된 종목을 매수하는 것을 목표로 합니다. 대표적인 가치 투자자로는 워런 버핏이 있습니다. 가치 투자의 주요 특징으로는 재무제표 분석, 내재 가치 평가, 그리고 장기 투자가 있습니다. 이 전략의 장점은 장기적인 안정성과 높은 수익 가능성을 제공하며, 저평가된 주식을 매수하여 위험을 줄일 수 있다는 점입니다. 그러나 저평가된 주식을 찾는 데 많은 시간과 노력이 필요하고, 시장의 단기 변동에 영향을 받지 않는 인내심이 필요하다는 단점이 있습니다.

2. 성장 투자

성장 투자는 빠르게 성장하는 기업의 주식을 매수하여 높은 수익을 기대하는 전략입니다. 이 전략은 기업의 현재 수익보다는 미래 성장 가능성에 중점을 둡니다. 주로 기술, 바이오, 에너지 등 고성장 산업에 속한 기업에 투자하며, 미래 수익성, 시장 점유율, 혁신 가능성을 중점적으로 평가합니다. 성장 투자의 장점은 높은 수익 잠재력을 가지고 있으며, 빠르게 성장하는 산업과 기업에 투자하여 큰 이익을 얻을 수 있다는 점입니다. 하지만 높은 변동성과 위험이 있으며, 고평가된 주식을 매수할 위험이 있다는 단점이 있습니다.

3. 배당 투자

배당 투자는 안정적인 배당금을 지급하는 주식에 투자하여 꾸준한 수익을 추구하는 전략입니다. 이 전략은 주식의 가격 상승뿐만 아니라 배당금 수익을 통해서도 이익을 얻고자 합니다. 배당 투자의 주요 특징은 고배당 주식에 집중하고, 배당금 지급을 통해 안정적인 현금 흐름을 확보하며, 기업의 재무 상태를 자세히 분석하는 것입니다. 이 전략의 장점은 안정적인 현금 흐름을 확보할 수 있으며, 주가 하락 시에도 배당금 수익으로 손실을 보완할 수 있다는 점입니다. 그러나 높은 배당금을 지급하는 기업이 반드시 높은 성장성을 가지지는 않으며, 배당금 정책의 변화에 따라 수익이 변동될 수 있다는 단점이 있습니다.

4. 인덱스 투자

인덱스 투자는 특정 주가지수를 추종하는 인덱스 펀드나 ETF(상장지수 펀드)에 투자하는 전략입니다. 이 전략은 시장의 평균 수익률을 추구하며, 개별 주식을 선택하는 데 따른 위험을 줄이는 것이 목표입니다. 인덱스 투자의 주요 특징은 시장 평균을 추구하고, 지수 내 다양한 종목에 분산 투자하여 위험을 줄이며, 저비용으로 운용할 수 있다는 점입니다. 이 전략의 장점은 장기적으로 안정적인 수익률을 기대할 수 있고, 개별 주식 선택의 어려움을 피할 수 있다는 점입니다. 그러나 시장 전체가 하락할 때 손실을 피할 수 없고, 시장 평균 이상의 수익을 기대하기 어렵다는 단점이 있습니다. 예를 들어, S&P 500, KOSPI 200 등의 주가지수를 추종하는 펀드에 투자합니다.

5. 기술적 분석 투자

기술적 분석 투자는 주가의 과거 움직임과 거래량을 분석하여 미래의 주가를 예측하는 전략입니다. 이 전략은 차트와 기술적 지표를 활용하여 매수 및 매도 시점을 결정합니다. 주요 특징으로는 주가 차트를 분석하여 패턴을 식별하고, 이동평균선*, RSI*(상대강도지수), MACD*(이동평균 수렴·발산지수) 등 다양한 지표를

이동평균선
특정 기간의 평균 가격을 계산하여 그래프로 나타냄

RSI
과매도 또는 과매수 상황을 평가하는 데 사용

MACD
두 개의 이동평균선 간의 관계를 추적하여 매수 및 매도 신호를 식별하는 데 사용

사용하는 것이 있습니다. 이 전략의 장점은 단기적인 시장 변동을 활용하여 빠른 수익을 기대할 수 있고, 객관적인 데이터에 기반한 투자 결정을 내릴 수 있다는 점입니다. 하지만 기술적 분석이 항상 정확한 것은 아니며, 잘 못된 예측으로 인한 손실 위험이 있고, 주식 시장의 외부 요인에 취약하다는 단점이 있습니다.

6. 모멘텀 투자

모멘텀 투자는 주가 상승세가 지속될 것으로 예상되는 종목에 투자하는 전략입니다. 이 전략은 주가의 상승 모멘텀을 활용하여 수익을 추구합니다. 모멘텀 투자의 주요 특징은 상승 추세를 보이는 종목에 투자하고, 주로 단기 및 중기적인 투자에 활용되며, 시장의 긍정적인 분위기를 이용하여 수익을 극대화하는 것입니다. 이 전략의 장점은 상승세를 타고 빠른 수익을 기대할 수 있고, 시장의 강한 흐름에 편승하여 수익을 극대화할 수 있다는 점입니다. 그러나 상승 모멘텀이 갑작스럽게 꺾일 때 큰 손실을 볼 수 있고, 지속적인 시장 모니터링이 필요하다는 단점이 있습니다.

이처럼 주식 투자 전략에는 가치 투자, 성장 투자, 배당 투자, 인덱스 투자, 기술적 분석 투자, 모멘텀 투자 등 다양한 종류가 있습니다. 각 전략은 투자자의 목표, 위험 허용 범위, 투자 기간 등에 따라 다르게 적용될 수 있습니다.

08

주식 시장에서의 리스크와 이를 관리하는 방법은 무엇인가요?

주식 시장은 투자자에게 많은 기회를 제공하지만, 동시에 다양한 리스크도 동반됩니다. 이러한 리스크를 이해하고 관리하는 것은 성공적인 투자를 위해 매우 중요합니다. 주식 초보자들이 주식 시장의 리스크를 효과적으로 관리하려는 방법을 이해할 수 있도록 상세히 설명하겠습니다.

1. 시장 리스크

시장 리스크는 전체 주식 시장의 하락으로 인해 발생하는 리스크입니다. 이는 특정 기업의 실적과 상관없이 시장 전체의 변동성에 의해 영향을 받습니다. 예를 들어, 경제 불황, 금리 인상, 정치적 불안, 자연재해 등이 시장 리스크의 원인이 될 수 있습니다.

   - 분산 투자 : 다양한 산업과 지역의 주식에 분산 투자하여 한 시장의
     변동성이 전체 포트폴리오에 미치는 영향을 줄일 수 있습니다.

- 장기 투자 : 단기적인 시장 변동에 흔들리지 않고 장기적인 시각에서 투자를 유지하는 것이 중요합니다. 역사적으로 시장은 장기적으로 상승하는 경향이 있습니다.
- 헤지 전략 : 옵션, 선물 등의 금융 상품을 이용해 시장 변동성을 헤지하는 방법도 있습니다.

2. 개별 종목 리스크

개별 종목 리스크는 특정 기업의 문제로 인해 발생하는 리스크입니다. 이는 기업의 경영진 변화, 제품 결함, 법적 문제, 회계 부정 등과 같은 요소들이 원인이 됩니다. 예를 들어, 특정 기업의 제품 리콜이나 경영진의 비리가 주식 가격에 큰 영향을 미칠 수 있습니다.
- 포트폴리오 다각화 : 여러 종목에 투자함으로써 특정 기업의 문제로 인한 영향을 줄일 수 있습니다.
- 철저한 기업 분석 : 기업의 재무제표, 경영진의 능력, 시장 위치 등을 자세히 분석하여 리스크를 줄일 수 있습니다.

3. 유동성 리스크

유동성 리스크는 주식을 필요할 때 적절한 가격에 매도할 수 없는 리스크를 의미합니다. 이는 거래량이 적거나 시장에서 인기가 없는 종목일 때 발생할 수 있습니다. 유동성 리스크는 투자자가 급하게 현금이 필요할 때 큰 손실을 초래할 수 있습니다.

- 대형주 투자 : 거래량이 많고 유동성이 높은 대형주에 투자하면 유동성 리스크를 줄일 수 있습니다.
- 시장 트렌드 분석 : 거래량과 시장의 관심을 지속적으로 모니터링하여 유동성이 낮아질 가능성을 예측할 수 있습니다.

4. 금리 리스크

금리 리스크는 금리 변동이 주식 가격에 미치는 영향을 의미합니다. 일반적으로 금리가 상승하면 주식 시장은 하락하는 경향이 있습니다. 이는 금리가 상승할 때 기업의 자금 조달 비용이 증가하고, 투자자들이 채권 등 금리 상품으로 눈을 돌리기 때문입니다.

- 경제 지표 모니터링 : 중앙은행의 금리 정책과 경제 지표를 주의 깊게 모니터링하여 금리 변동에 대해 대비를 할 수 있습니다.
- 포트폴리오 조정 : 금리 상승기에는 채권 비중을 높이는 등의 포트폴리오 조정을 통해 리스크를 관리할 수 있습니다.

5. 환율 리스크

환율 리스크는 환율 변동이 주식 가격에 미치는 영향을 의미합니다. 이는 특히 수출입 기업에 큰 영향을 미칩니다. 예를 들어, 원/달러 환율이 상승하면 수출 기업의 수익이 증가할 수 있지만, 수입 기업의 비용이 증가할 수 있습니다.

- 글로벌 포트폴리오 : 다양한 통화로 구성된 글로벌 포트폴리오를 통해 환율 리스크를 분산시킬 수 있습니다.

- 환 헤지 상품 사용 : 선물환, 통화 스와프 등의 금융 상품을 사용하여 환율 변동에 대한 리스크를 헤지할 수 있습니다.

6. 정치 및 규제 리스크

정치 및 규제 리스크는 정부의 정책 변화나 새로운 규제 도입이 주식 가격에 미치는 영향을 의미합니다. 이는 특정 산업에 대한 규제 강화, 세금 정책 변화, 무역 전쟁 등 다양한 요인에 의해 발생할 수 있습니다.

- 정치 및 정책 분석 : 정기적으로 정치 뉴스와 정책 변화를 모니터링하여 잠재적인 리스크를 예측할 수 있습니다.
- 다양한 산업에 투자 : 특정 산업에 대한 규제 리스크를 줄이기 위해 여러 산업에 분산 투자하는 것이 좋습니다.

7. 심리적 리스크

심리적 리스크는 투자자들의 감정적 반응에 의한 리스크를 의미합니다. 공포, 탐욕, 루머, 대중 심리 등이 주가에 큰 영향을 미칠 수 있습니다. 예를 들어, 공포에 의한 매도세는 주가를 급격히 하락시킬 수 있습니다.

- 감정 통제 : 감정에 휘둘리지 않고 냉철하게 투자 결정을 내리는 것이 중요합니다. 투자 목표와 전략을 명확히 설정하고 이에 따라 행동해야 합니다.
- 장기적 관점 유지 : 단기적인 시장 변동에 일희일비하지 않고 장기적인 관점에서 투자를 유지하는 것이 중요합니다.

주식 시장에는 다양한 리스크가 존재하지만, 이러한 리스크를 이해하고 관리하는 방법을 익히면 성공적인 투자를 할 수 있습니다. 다양한 리스크를 관리하기 위해서는 분산 투자, 철저한 분석, 감정 통제 등의 전략을 사용할 수 있습니다.

09

배당금이란 무엇이며, 어떻게 받나요?

배당금은 기업이 이익을 주주들과 나누기 위해 지급하는 금액입니다. 주식을 보유한 투자자들은 회사가 이익을 낼 때 그 일부를 배당금 형태로 받을 수 있습니다. 배당금은 주식 투자자들에게 중요한 수익원 중 하나이며, 안정적인 현금 흐름을 제공해 줍니다.

배당금은 회사가 벌어들인 이익의 일부를 주주들에게 분배하는 것입니다. 회사는 영업 활동을 통해 수익을 창출하고, 그중 일부를 주주들에게 돌려줍니다. 배당금은 현금으로 지급되거나, 추가 주식으로 지급될 수 있습니다. 배당금 지급은 주주들에게 회사의 성과를 나누어주는 방식으로, 주식 보유에 따른 보상입니다.

배당금의 종류

1. **현금 배당** : 주주들에게 현금으로 지급되는 배당금입니다. 가장 일반적인 형태의 배당금이며, 주주들은 자신이 보유한 주식 수에 따라 배당금을 받습니다.
2. **주식 배당** : 회사가 현금 대신 추가 주식을 지급하는 형태의 배당금입니다. 주식 배당은 주주들이 보유한 주식 수에 비례하여 새로운 주식을 받는 것입니다.

배당금은 어떻게 받나요?

1. **배당 결정** : 회사의 이사회는 정기적으로 배당금을 지급할지를 결정합니다. 이사회는 회사의 재정 상태와 미래 계획을 고려하여 배당금을 결정합니다.
2. **배당 발표** : 회사가 배당을 결정하면, 배당 지급 일정과 배당금액을 발표합니다. 이 정보는 주주들에게 공개되며, 배당을 받을 수 있는 기준일이 설정됩니다.
3. **기준일 확인** : 배당금을 받기 위해서는 회사가 정한 '기준일'에 주식을 보유하고 있어야 합니다. 기준일은 배당금을 받을 자격이 있는 주주를 결정하는 날짜입니다. 기준일 전에 주식을 매수해야 배당금을 받을 수 있습니다.
4. **배당금 지급** : 기준일에 주식을 보유한 주주들은 배당금을 받게 됩니다. 배당금은 주주가 등록한 은행 계좌로, 현금으로 입금되거나, 주식 배당의 경우 추가 주식으로 지급될 수 있습니다.

예를 들어, ABC 회사가 1주당 1,000원의 배당금을 지급한다고 발표했다고 가정해 보겠습니다. 기준일에 ABC 회사의 주식을 100주 보유하고 있는 투자자는 총 100,000원의 배당금을 받게 됩니다. 배당금은 회사가 정한 지급일에 주주의 은행 계좌로 입금됩니다.

배당금의 장점은 다음과 같습니다.

- **안정적인 수익** : 주가 변동성과 상관없이 정기적으로 배당금을 받을 수 있습니다.

- **재투자 기회** : 배당금을 다시 주식에 투자하여 복리 효과를 누릴 수 있습니다.

- **주가 안정성** : 배당금을 정기적으로 지급하는 회사는 주주들에게 신뢰를 줄 수 있으며, 이는 주가를 안정시키는 데 도움을 줄 수 있습니다.

배당금의 단점은 다음과 같습니다.

- 높은 **배당금의 지속성** : 모든 회사가 항상 배당금을 지급하는 것은 아

니며, 이익이 감소하면 배당금이 줄어들거나 중단될 수 있습니다.

- **성장 제한** : 일부 투자자들은 배당금을 지급하는 대신 회사가 그 돈을 재투자하여 더 높은 성장을 이루기를 원할 수 있습니다.

배당 투자 전략은 안정적인 배당금을 지급하는 주식을 선택하여 꾸준한 수익을 추구하는 것입니다. 배당 투자자들은 주가 상승뿐만 아니라 배당금 수익을 통해서도 이익을 얻고자 합니다. 배당 투자 전략을 사용할 때 고려해야 할 요소는 다음과 같습니다.

1. **배당 수익률** : 주당 배당금을 주가로 나눈 값입니다. 배당 수익률이 높을수록 투자 수익이 높습니다.
2. **배당 성장률** : 배당금이 지속적으로 증가하는지를 확인합니다. 이는 기업의 수익이 안정적이고 성장하고 있음을 나타냅니다.
3. **배당 지급 비율** : 순이익 대비 배당금 지급 비율을 확인합니다. 너무 높으면 기업의 재투자 여력이 줄어들 수 있습니다.

배당금은 기업이 이익을 주주들과 나누기 위해 지급하는 금액으로, 주식 투자자들에게 중요한 수익원입니다. 배당금을 받기 위해서는 기준일 이전에 주식을 보유하고 있어야 하며, 회사의 배당 결정과 발표에 따라 배당금이 지급됩니다. 배당금은 안정적인 수익을 제공하며, 재투자를 통해 복리 효과를 누릴 수 있는 장점이 있습니다.

투자자

회사 주식을 매입하다

회사가 배당금 지급에 대해 발표하다

배당금

배당금이라는 추가수익까지

배당금 수표를 받고 기뻐함

10

주식 용어(예 : PER, PBR, EPS 등)는 무엇을 의미하나요?

주식 투자를 할 때 다양한 용어들이 등장합니다. 이러한 용어들을 이해하는 것은 투자 결정을 내리는 데 매우 중요합니다. 주요 주식 용어들을 자세하게 설명하겠습니다.

1. 주가수익비율PER

주가수익비율은 주가를 주당순이익EPS으로 나눈 값입니다. PER은 주가가 기업의 이익에 비해 얼마나 높은지를 나타내는 지표로, 주식이 저평가되었는지 고평가되었는지를 판단하는 데 사용됩니다.

PER = 주가 / EPS

만약 ABC 회사의 주가가 10,000원이고, EPS가 1,000원이라면, PER은

10,000원 / 1,000원 = 10이 됩니다.

PER이 낮을수록 주가가 저평가되어 있을 가능성이 있으며, PER이 높을수록 주가가 고평가되어 있을 가능성이 있습니다. 그러나 PER은 같은 산업 내에서 비교할 때 유용하며, 단순히 수치가 낮다고 좋은 투자 대상이 되는 것은 아닙니다.

2. 주가순자산비율_{PBR}

주가순자산비율은 주가를 주당순자산가치_{BPS}로 나눈 값입니다. PBR은 주가가 기업의 순자산에 비해 얼마나 높은지를 나타내는 지표로, 주식이 저평가되었는지 고평가되었는지를 판단하는 데 사용됩니다.

PBR = 주가 / 주당순자산가치

만약 ABC 회사의 주가가 10,000원이고, BPS가 5,000원이라면, PBR은 10,000원 / 5,000원 = 2가 됩니다.

PBR이 1보다 낮으면 주가가 순자산에 비해 저평가되어 있을 가능성이 있으며, 1보다 높으면 고평가되어 있을 가능성이 있습니다. PBR은 특히 자산이 많은 기업을 평가할 때 유용한 지표입니다.

3. 주당순이익_{EPS}

주당순이익은 기업이 벌어들인 순이익을 주식 수로 나눈 값입니다. EPS는 기업의 수익성을 나타내는 중요한 지표로, 주주들이 각 주식당 얼마나 많은 이익을 얻고 있는지를 보여줍니다.

$$EPS = 순이익 / 발행 주식 수$$

만약 ABC 회사가 순이익으로 100억 원을 벌었고, 발행된 주식 수가 1,000만 주라면, EPS는 100억 원 / 1,000만 주 = 1,000원이 됩니다.

높은 EPS는 기업이 효율적으로 수익을 내고 있음을 나타내며, 주가가 오를 가능성이 큽니다. EPS는 기업의 재무 상태를 평가하는 데 중요한 역할을 합니다.

4. 자기자본이익률ROE

자기자본이익률은 순이익을 자기자본으로 나눈 값으로, 기업이 주주들의 자본을 얼마나 효율적으로 사용하여 이익을 창출하는지를 나타냅니다.

$$ROE = (당기순이익 / 자기자본) \times 100$$

만약 ABC 회사의 순이익이 100억 원이고, 자기자본이 500억 원이라면, ROE는 (100억 원 / 500억 원) × 100 = 20%가 됩니다.

높은 ROE는 기업이 주주들의 자본을 효율적으로 사용하여 높은 수익을 창출하고 있음을 나타냅니다. 이는 주주들에게 좋은 신호가 될 수 있습니다.

5. 시가총액

시가총액은 기업의 총가치를 나타내는 지표로, 주식의 발행 주식 수에 현재 주가를 곱한 값입니다.

시가총액 = 발행 주식 수 × 주가

만약 ABC 회사의 발행 주식 수가 1,000만 주이고, 주가가 10,000원이라면, 시가총액은 1,000만 주 × 10,000원 = 1조 원이 됩니다.

시가총액은 기업의 규모를 나타내는 중요한 지표로, 투자자들이 기업을 평가할 때 많이 사용합니다. 대형주는 시가총액이 크고 안정적이지만, 소형주는 시가총액이 작고 변동성이 클 수 있습니다.

6. 주당 배당금DPS

주당 배당금은 기업이 주주들에게 지급하는 배당금을 발행된 주식 수로 나눈 값입니다.

DPS = 총배당금 / 발행 주식 수

만약 ABC 회사가 총 100억 원의 배당금을 지급하고, 발행된 주식 수가 1,000만 주라면, DPS는 100억 원 / 1,000만 주 = 1,000원이 됩니다.

DPS는 주주들이 한 주당 얼마나 많은 배당금을 받을 수 있는지를 보여주는 지표로, 배당 정책을 이해하는 데 유용합니다.

7. 유동성

유동성은 주식이 얼마나 쉽게 사고팔 수 있는지를 나타내는 지표입니다. 유동성이 높은 주식은 거래가 활발하게 이루어지며, 쉽게 현금화할 수 있습니다.

대형주의 경우 거래량이 많아 유동성이 높고, 소형주의 경우 거래량이 적어 유동성이 낮을 수 있습니다.

높은 유동성은 투자자가 필요할 때 주식을 쉽게 매도할 수 있게 하여 투자 위험을 줄이는 데 도움을 줍니다.

주식 투자를 할 때 다양한 용어들을 이해하는 것은 매우 중요합니다. 주당순이익, 주가수익비율, 주가순자산비율 등의 용어들은 투자 결정을 내리는 데 중요한 역할을 합니다. 이러한 용어들을 잘 이해하고 활용하면 더 현명한 투자 결정을 내릴 수 있습니다.

2장

주식 시장
분석을 위한
10가지

기술적 분석과 기본적 분석의 차이를 배우고, 주식 차트를 읽는 법을 익힙니다. 이동평균선과 거래량 분석의 중요성을 이해하며, 주식의 가치 평가와 재무제표 분석 방법을 학습합니다. 주식의 목표가 설정, 호재와 악재의 영향, 주식 뉴스 해석, 그리고 시장 지표의 의미를 다룹니다.

기술적 분석과 기본적 분석의 차이는 무엇인가요?

주식 투자를 시작하면서 흔히 접하게 되는 두 가지 분석 방법이 있습니다. 바로 기술적 분석과 기본적 분석입니다. 이 두 가지 방법은 주식의 가치를 평가하고 투자 결정을 내리는 데 중요한 역할을 합니다. 주식 초보자들이 쉽게 이해할 수 있도록 기술적 분석과 기본적 분석의 차이를 자세히 설명해 드리겠습니다.

기술적 분석

기술적 분석은 주식의 과거 가격 움직임과 거래량을 분석하여 미래의 가격 변동을 예측하는 방법입니다. 이 방법은 주로 주가 차트와 다양한 지표를 사용하여 주식의 매매 시점을 결정합니다. 기술적 분석은 특히 단기 투자자나 트레이더들이 많이 사용하는 방법입니다.

먼저, 기술적 분석에서 가장 기본적인 도구는 차트입니다. 차트는 주식의 가격 움직임을 시각적으로 보여줍니다. 가장 많이 사용되는 차트 유형은 캔들 차트입니다. 캔들 차트는 특정 기간의 시가, 종가, 최고가, 최저가를 나타내는 막대기로 구성되어 있습니다. 이를 통해 주가의 흐름과 패턴을 쉽게 파악할 수 있습니다.

다음으로 중요한 개념은 이동평균선MA입니다. 이동평균선은 일정 기간의 주가 평균을 선으로 나타낸 것입니다. 일반적으로 단기 이동평균선(예 : 20일 이동평균선)과 장기 이동평균선(예 : 200일 이동평균선)이 사용됩니다. 주가가 이동평균선 위에 있을 때는 상승 추세, 아래에 있을 때는 하락 추세를 의미합니다. 이를 통해 현재 주가의 위치와 추세를 파악할 수 있습니다.

기술적 분석에서 자주 사용되는 지표로는 RSI(상대강도지수), MACD(이동평균 수렴·발산지수), 볼린저 밴드 등이 있습니다. 예를 들어, RSI는 주식의 과매수나 과매도 상태를 판단하는 데 사용되며, 특정 기준을 넘어설 때 주가가 반대 방향으로 움직일 가능성을 시사합니다. MACD는 두 개의 이동평균선을 사용하여 추세의 변화를 파악하는 데 도움을 줍니다.

또한, 기술적 분석에서는 차트에서 특정 패턴을 인식하여 미래 주가 움직임을 예측합니다. 예를 들어, '머리와 어깨' 패턴은 상승 추세의 끝을 나타내며, '이중 바닥' 패턴은 하락 추세의 끝을 나타냅니다. 이러한 패턴을 통해 투자자들은 매수 또는 매도의 시점을 결정할 수 있습니다.

기술적 분석의 장점은 빠른 매매 시점을 포착할 수 있다는 점입니다. 주가 차트와 지표를 통해 매매 시점을 빠르게 파악할 수 있어 단기 투자에 유리합니다. 또한, 기술적 분석은 주식의 가격 움직임이 시장 참여자들의 심리를 반영하기 때문에 이를 효과적으로 이용할 수 있습니다. 그러나 기술적 분석은 과거 데이터에 의존하기 때문에 예기치 않은 사건이나 뉴스에 민감하게 반응할 수 있습니다. 또한, 동일한 차트와 지표를 보더라도 투자자마다 해석이 다를 수 있어 정확한 예측이 어려울 수 있습니다.

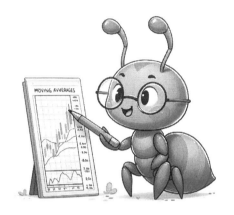

기본적 분석

기본적 분석은 기업의 재무 상태, 경영 성과, 시장 상황 등을 분석하여 주식의 내재 가치를 평가하는 방법입니다. 이 방법은 기업의 장기적인 성장 가능성을 판단하는 데 중점을 둡니다. 기본적 분석은 주로 장기 투자자들이 많이 사용하는 방법입니다.

기본적 분석에서 가장 중요한 것은 재무제표 분석입니다. 재무제표는 기업의 재무 상태를 나타내는 문서로, 손익계산서, 대차대조표, 현금흐름표 등이 포함됩니다. 손익계산서를 통해 기업의 매출, 이익, 비용 구조 등을 파악할 수 있으며, 대차대조표를 통해 기업의 자산, 부채, 자본 구조를 분석할 수 있습니다. 현금흐름표를 통해 기업의 현금 흐름 상태를 확인할 수 있습니다. 이를 통해 기업의 수익성, 안정성, 성장성을 종합적으로 평가할 수 있습니다.

기본적 분석에서 자주 사용되는 지표로는 PER(주가수익비율), PBR(주가순자산비율), EPS(주당순이익) 등이 있습니다. PER은 주가를 주당순이익으로 나눈 값으로, 주가가 이익에 비해 높은지 낮은지를 평가합니다. PBR은 주가를 주당순자산가치로 나눈 값으로, 기업의 자산가치 대비 주가를 평가합니다. EPS는 기업의 순이익을 총발행 주식 수로 나눈 값으로, 주당 얼마나 이익을 내고 있는지를 나타냅니다. 이러한 지표들을 통해 투자자들은 기업의 가치를 더욱 객관적으로 평가할 수 있습니다.

또한, 기본적 분석에서는 산업 분석도 중요합니다. 기업이 속한 산업의 성장 가능성과 경쟁 상황을 분석합니다. 예를 들어, IT 산업의 경우 기술 발전 속도가 빠르고, 혁신적인 기업이 높은 성장 가능성을 갖고 있을 수 있습니다. 이를 통해 투자자는 특정 기업의 성장 가능성을 더욱 정확하게 판단할 수 있습니다.

기본적 분석에서는 경영진 평가도 중요한 요소입니다. 기업의 경영진이 얼마나 효율적으로 자원을 관리하고, 미래 성장을 위한 전략을 세우는지가 중요합니다. 경영진의 능력과 비전이 기업의 장기적인 성공에 큰 영향을 미치기 때문입니다.

마지막으로, 시장 상황 분석도 포함됩니다. 경제 전반의 상황과 기업이 속한 시장의 특성을 분석합니다. 경제 성장률, 금리, 환율 등의 변화가 기업의 성과에 미치는 영향을 고려합니다. 이를 통해 투자자는 기업의 외부 환경을 종합적으로 평가할 수 있습니다.

기본적 분석의 장점은 기업의 장기적인 성장 가능성을 평가할 수 있다는 점입니다. 이는 장기 투자에 매우 유리합니다. 또한, 기업의 내재 가치를 파악하여 저평가된 주식을 발굴할 수 있습니다. 그러나 기본적 분석은 재무제표, 시장 상황 등을 종합적으로 분석해야 하므로 많은 시간과 노력이 필요합니다. 또한, 단기적인 외부 요인의 변동을 반영하는 데 한계가 있을 수 있습니다.

기술적 분석과 기본적 분석의 비교

기술적 분석과 기본적 분석은 각각의 장단점과 특성이 있습니다. 기술적 분석은 주가 차트와 거래량 등 과거 데이터를 기반으로 미래 가격 변동을 예측하는 반면, 기본적 분석은 기업의 재무 상태와 시장 상황 등 내재 가치를 평가하여 주식의 적정 가격을 판단합니다. 기술적 분석은 단기적인 매매 시점을 포착하고자 하는 단기 투자자나 트레이더에게 적합하고, 기본적 분석은 기업의 장기적인 성장 가능성을 보고 투자하는 장기 투자자에게 적합합니다.

기술적 분석은 주로 주가 차트, 거래량, 지표 등을 사용하고, 기본적 분석은 재무제표, 산업 분석, 경영진 평가 등을 사용합니다. 기술적 분석은 빠른 매매 시점을 찾고, 단기적인 가격 변동에 집중하는 반면, 기본적 분석은 기업의 내재 가치를 평가하고, 장기적인 성장 가능성을 보고 투자합니다.

기술적 분석과 기본적 분석은 각각의 장단점과 특성이 있습니다. 두 가지 방법을 모두 이해하고 적절히 활용하면 보다 나은 투자 결정을 내릴 수 있습니다. 주식 초보자라면, 먼저 기본적 분석을 통해 기업의 가치를 평가하고, 기술적 분석을 통해 매매 시점을 포착하는 방법을 연습해 보는 것이 좋습니다. 이렇게 하면 주식 시장에서 보다 안정적이고 성공적인 투자를 할 수 있을 것입니다.

기술적 분석과 기본적 분석

구분	기술적 분석	기본적 분석
목적	과거 가격 및 거래량 데이터를 기반으로 미래 가격 예측	기업의 내재 가치 평가 및 장기 성장 가능성 판단
주요 도구	주가 차트, 이동평균선, 기술적 지표 (RSI, MACD 등)	재무제표 (손익계산서, 대차대조표, 현금흐름표), 재무 비율 (PER, PBR, EPS 등)
분석 기간	단기적 (일, 주, 월 단위)	장기적 (분기, 연 단위)
분석 대상	주가 및 거래량 패턴, 기술적 지표	기업의 재무 상태, 산업 환경, 경제 상황, 경영진 평가
투자자 유형	단기 투자자, 트레이더	장기 투자자
장점	빠른 매매 시점 포착, 시장 심리 반영	기업의 장기적 성장 가능성 평가, 내재 가치 발견
단점	과거 데이터 의존, 주관적 해석	많은 시간과 노력 필요, 단기적 외부 요인 반영 한계
주요 개념	차트 패턴 (머리와 어깨, 이중 바닥 등), 이동평균선, 거래량 분석	재무제표 분석, 산업 분석, 경제 지표 평가
활용 방법	매매 시점 결정, 단기 가격 변동 예측	장기 투자 결정, 저평가된 주식 발굴

주식 차트는 어떻게 읽나요?

주식 차트를 읽는 방법은 주식 투자를 시작하는 모든 투자자에게 매우 중요한 기술입니다. 주식 차트는 주식의 과거 가격 변동을 시각적으로 보여주며, 이를 통해 미래 가격 변동을 예측하는 데 도움을 줍니다. 주식 초보자들이 쉽게 이해할 수 있도록 주식 차트를 읽는 방법을 자세히 설명하겠습니다.

주식 차트는 특정 기간의 주가 변동을 그래프 형태로 나타낸 것입니다. 차트를 통해 주가의 흐름과 패턴을 파악할 수 있으며, 이를 바탕으로 매수와 매도의 시점을 결정할 수 있습니다. 가장 많이 사용되는 주식 차트는 캔들 차트입니다.

캔들 차트는 일본에서 유래된 차트 유형으로, 특정 기간의 시가, 종가, 최고가, 최저가를 나타냅니다. 각 캔들은 특정 기간의 주가 변동을 시각적으로 보여줍니다. 캔들 차트를 읽기 위해서는 먼저 각 캔들이 무엇을 의미하는지 이해해야 합니다.

캔들의 구성 요소는 다음과 같습니다.

1. **몸통** : 몸통은 특정 기간의 시가와 종가 사이의 범위를 나타냅니다. 시가보다 종가가 높으면 몸통이 하얗거나 비어 있고(양봉), 시가보다 종가가 낮으면 몸통이 검거나 채워져 있습니다(음봉).

2. **꼬리** : 꼬리는 특정 기간의 최고가와 최저가를 나타냅니다. 몸통 위에 있는 선은 윗 꼬리, 아래에 있는 선은 아랫 꼬리라고 합니다.

3. **시가** : 거래가 시작된 가격입니다. 몸통의 아래쪽 끝(양봉) 또는 위쪽 끝(음봉)에서 시작됩니다.

4. **종가** : 거래가 끝난 가격입니다. 몸통의 위쪽 끝(양봉) 또는 아래쪽 끝(음봉)에서 끝납니다.

5. **최고가** : 해당 기간 거래된 가장 높은 가격입니다. 윗 꼬리의 끝부분으로 표시됩니다.

6. **최저가** : 해당 기간 거래된 가장 낮은 가격입니다. 아랫 꼬리의 끝부분으로 표시됩니다.

캔들 차트를 통해 투자자들은 주가의 변동 패턴과 추세를 파악할 수 있습니다. 예를 들어, 연속된 양봉은 주가가 지속적으로 상승하고 있음을 나타내며, 연속된 음봉은 주가가 지속적으로 하락하고 있음을 나타냅니다. 또한, 캔들의 길이와 꼬리의 길이를 통해 주식의 변동성을 파악할 수 있습니다. 긴 몸통은 강한 매수 또는 매도 압력을 의미하며, 긴 꼬리는 변동성이 높음을 의미합니다.

캔들 매매

장 점	단 점
단순하고 직관적임	제한된 정보 제공
시장 심리를 반영함	주관적 해석 가능성
추세 파악에 유리함	시장 노이즈에 민감
다양한 패턴으로 분석 가능	다른 분석 도구와 병행 필요
매매 타이밍 포착에 유리함	패턴이 항상 신뢰할 수 있는 것은 아님

이동평균선은 주가 차트에서 자주 사용되는 또 다른 중요한 도구입니다. 이동평균선은 일정 기간의 주가 평균을 선으로 나타낸 것입니다. 주로 단기(예 : 20일 이동평균선)와 장기(예 : 200일 이동평균선) 이동평균선이 사용됩니다.

- 단기 이동평균선 : 단기 이동평균선은 최근 주가의 흐름을 반영하며, 주가가 단기 이동평균선 위에 있으면 상승 추세, 아래에 있으면 하락 추세를 나타냅니다.
- 장기 이동평균선 : 장기 이동평균선은 주가의 장기적인 추세를 보여줍니다. 주가가 장기 이동평균선 위에 있으면 장기적인 상승 추세, 아래에 있으면 장기적인 하락 추세를 나타냅니다.

이동평균선은 주가 차트에서 교차점을 통해 중요한 매매 신호를 제공합니다. 예를 들어, 단기 이동평균선이 장기 이동평균선을 상향 돌파할 때 이를 골든 크로스라고 하며, 강한 매수 신호로 간주합니다. 반대로, 단기 이동평균선이 장기 이동평균선을 하향 돌파할 때 이를 데드 크로스라고 하며, 강한 매도 신호로 간주합니다.

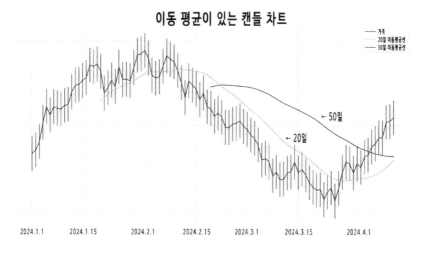

- 20일 이동평균선 : 최근 20일간의 주가 평균을 나타냅니다. 주가가 이 선 위에 있으면 단기적으로 상승 추세임을 의미합니다.
- 50일 이동평균선 : 최근 50일간의 주가 평균을 나타냅니다. 주가가 이 선 위에 있으면 장기적으로 상승 추세임을 의미합니다.

이 차트에서 주가가 두 이동평균선 위에 위치할 때 상승 추세가 강하다는 것을 알 수 있습니다. 반대로, 주가가 이동평균선 아래로 떨어지면 하락 추세를 나타냅니다. 이동평균선의 교차는 중요한 매매 신호가 될 수 있습니다.

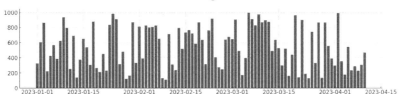

거래량은 일정 기간 거래된 주식의 수를 나타내며, 주가 변동의 강도를 파악하는 데 중요한 역할을 합니다. 거래량이 많을수록 해당 주식에 관한 관심이 높다는 의미입니다. 거래량은 주가 차트 아래에 막대그래프로 표시됩니다.

- 거래량 급증 : 주가가 상승하면서 거래량이 급증하면 강한 매수세를 의미하며, 주가가 더 상승할 가능성이 큽니다. 반대로, 주가가 하락하면서 거래량이 급증하면 강한 매도세를 의미하며, 주가가 더 하락할 가능성이 큽니다.

- 거래량 감소 : 주가가 상승하거나 하락하는 동안 거래량이 감소하면 현재 추세가 약해지고 있음을 의미합니다. 이는 추세의 전환 신호일 수 있습니다.

캔들 차트에는 다양한 패턴이 존재하며, 이를 통해 주가의 향후 움직임을 예측할 수 있습니다. 몇 가지 대표적인 패턴을 살펴보겠습니다.

1. **머리와 어깨**Head & Shoulders : 이 패턴은 상승 추세의 끝에서 나타나며, 주가가 하락할 가능성을 시사합니다. 머리와 어깨 패턴은 왼쪽 어깨, 머리, 오른쪽 어깨로 구성되며, 주가가 세 번의 고점을 형성한 후 하락

하는 형태를 보입니다.

2. **이중 바닥**Double Bottom : 이 패턴은 하락 추세의 끝에서 나타나며, 주가
   가 상승할 가능성을 시사합니다. 이중 바닥 패턴은 두 번의 저점을 형
   성한 후 주가가 반등하는 형태를 보입니다.

3. **삼각형**Triangle : 삼각형 패턴은 주가가 일정한 범위에서 움직이다가 돌
   파하는 형태를 보입니다. 삼각형 패턴에는 상승 삼각형, 하락 삼각형,
   대칭 삼각형이 있습니다. 이 패턴은 돌파 방향에 따라 주가의 향후 움
   직임을 예측할 수 있습니다.

4. **깃발**Flag : 깃발 패턴은 강한 상승 또는 하락 후 짧은 조정을 거쳐 원래
   의 추세를 이어가는 형태를 보입니다. 이는 강한 추세의 지속을 나타
   내며, 조정이 끝난 후 주가는 원래 방향으로 급격히 움직일 가능성이
   큽니다.

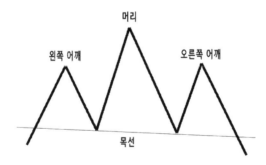

머리와 어깨형 패턴

주식 차트를 읽는 방법을 이해했다면, 이를 실전에서 활용하는 방법도
중요합니다. 주식 차트는 매수와 매도의 시점을 결정하는 데 큰 도움이 됩
니다. 예를 들어, 주가가 이동평균선 위에 있고 거래량이 증가하면 매수 시

점으로 판단할 수 있습니다. 반대로, 주가가 이동평균선 아래에 있고 거래량이 감소하면 매도 시점으로 판단할 수 있습니다.

또한, 차트 패턴을 통해 주가의 향후 움직임을 예측할 수 있습니다. 예를 들어, 이중 바닥 패턴이 형성되면 주가가 상승할 가능성이 높으므로 매수 기회로 활용할 수 있습니다. 반대로, 머리와 어깨 패턴이 형성되면 주가가 하락할 가능성이 높으므로 매도 기회로 활용할 수 있습니다.

주식 차트를 읽는 방법은 주식 투자에서 매우 중요한 기술입니다. 캔들 차트, 이동평균선, 거래량, 주요 패턴 등을 이해하고 활용하면 더 정확한 투자 결정을 내릴 수 있습니다. 주식 초보자라면, 먼저 기본적인 차트 분석 방법을 익히고, 이를 실전에서 꾸준히 연습해 보는 것이 중요합니다. 주식 차트는 복잡해 보일 수 있지만, 차근차근 이해하고 익숙해지면 매우 유용한 도구가 될 것입니다.

이동평균선이란 무엇이며, 어떻게 사용하나요?

주식 투자를 시작하면서 자주 접하게 되는 개념 중 하나가 이동평균선 Moving Average, MA입니다. 이동평균선은 주가 차트 분석에 있어서 매우 중요한 도구로, 주가의 흐름을 이해하고 미래의 움직임을 예측하는 데 도움을 줍니다. 주식 초보자들이 이동평균선이 무엇인지, 그리고 이를 어떻게 활용할 수 있는지 쉽게 이해할 수 있도록 자세히 설명해 드리겠습니다.

이동평균선은 일정 기간의 주가 평균을 선으로 나타낸 것입니다. 이를 통해 주가의 변동성을 줄이고, 전체적인 추세를 쉽게 파악할 수 있습니다. 이동평균선에는 여러 종류가 있으며, 가장 흔하게 사용되는 것은 단순 이동평균선과 지수 이동평균선입니다.

단순 이동평균선

단순 이동평균선은 특정 기간의 주가를 단순히 평균 내어 계산합니다.

예를 들어, 20일 단순 이동평균선은 최근 20일간의 종가를 모두 더한 후 20으로 나눈 값을 매일 계산하여 선으로 연결한 것입니다.

지수 이동평균선

지수 이동평균선은 최근 주가에 더 큰 가중치를 두어 계산합니다. 이는 최근의 가격 변동을 더 민감하게 반영하기 위함입니다. EMA는 SMA보다 좀 더 빠르게 주가의 변동을 따라가기 때문에, 단기 투자자들에게 유용할 수 있습니다.

이동평균선을 계산하는 방법은 간단합니다. 예를 들어, 5일 이동평균선을 계산하는 방법을 살펴보겠습니다.

1. 5일 동안의 종가를 합산합니다. (예 : 100, 102, 104, 106, 108 = 520)
2. 합계를 5로 나눕니다. (520 / 5 = 104)

이 과정을 매일 반복하여 각 날짜에 해당하는 이동평균 값을 구하고, 이를 선으로 연결하면 이동평균선이 됩니다.

이동평균선에는 다양한 종류가 있습니다. 대표적으로 단기 이동평균선, 중기 이동평균선, 장기 이동평균선이 있습니다.

1. 단기 이동평균선

- 일반적으로 5일, 10일, 20일 이동평균선이 사용됩니다.

- 단기 투자자들이 주로 사용하며, 주가의 단기 변동을 포착하는 데 유용합니다.

2. 중기 이동평균선
- 일반적으로 50일 이동평균선이 사용됩니다.
- 주가의 중기적인 흐름을 파악하는 데 도움을 줍니다.

3. 장기 이동평균선
- 일반적으로 100일, 200일 이동평균선이 사용됩니다.
- 장기 투자자들이 주로 사용하며, 주가의 장기적인 추세를 분석하는 데 유용합니다.

이동평균선은 주가 차트 분석에 있어서 다양한 방식으로 활용될 수 있습니다. 주요 활용 방법을 몇 가지 소개하겠습니다.

1. 추세 파악
이동평균선을 통해 주가의 전체적인 추세를 쉽게 파악할 수 있습니다. 주가가 이동평균선 위에 있을 때는 상승 추세, 주가가 이동평균선 아래에 있을 때는 하락 추세를 의미합니다. 예를 들어, 주가가 20일 이동평균선 위에 계속 머물러 있다면 단기적으로 상승 추세에 있다고 볼 수 있습니다.

2. 지지와 저항
이동평균선은 지지선과 저항선으로도 활용될 수 있습니다. 지지선은 주가가 하락할 때 지지받는 선으로, 주가가 이동평균선 근처에서 반등하는 경향이 있습니다. 반대로 저항선은 주가가 상승할 때 저항받는 선으로, 주가가 이동평균선 근처에서 하락하는 경향이 있습니다.

3. 매수와 매도 신호

이동평균선의 교차는 중요한 매매 신호로 사용됩니다. 단기 이동평균선이 장기 이동평균선을 상향 돌파할 때 이를 골든 크로스Golden Cross라고 하며, 이는 강한 매수 신호로 간주합니다. 반대로 단기 이동평균선이 장기 이동평균선을 하향 돌파할 때 이를 데드 크로스Dead Cross라고 하며, 이는 강한 매도 신호로 간주합니다.

4. 변동성 확인

이동평균선의 기울기를 통해 주가의 변동성을 확인할 수 있습니다. 이동평균선이 가파르게 상승하거나 하락하면 주가의 변동성이 크다는 것을 의미합니다. 반대로 이동평균선이 평평하게 유지되면 주가의 변동성이 적다는 것을 의미합니다.

이동평균선은 주가의 변동성을 줄이고 전체적인 추세를 파악하는 데 유용한 도구입니다. 이를 통해 주가는 물론 매매 신호를 파악하고, 보다 효과적인 투자 결정을 내릴 수 있습니다. 주식 초보자라면, 이동평균선을 잘 이해하고 이를 활용하여 주가의 흐름을 읽는 연습을 꾸준히 해보시기를 바랍니다. 이렇게 하면 주식 시장에서 보다 안정적이고 성공적인 투자를 할 수 있을 것입니다.

거래량 분석은 왜 중요한가요?

주식 시장에서 거래량은 매우 중요한 지표 중 하나입니다. 거래량은 일정 기간 특정 주식이 얼마나 많이 거래되었는지를 나타내며, 주가 변동과 함께 투자자들의 행동을 분석하는 데 중요한 역할을 합니다. 주식 초보자들이 거래량 분석의 중요성을 쉽게 이해할 수 있도록 자세히 설명해 드리겠습니다.

거래량$_{Volume}$은 일정 기간 거래된 주식의 총 수량을 의미합니다. 예를 들어, 특정 주식이 하루 동안 1,000주 거래되었다면, 그날의 거래량은 1,000주가 됩니다. 거래량은 일별, 주별, 월별 등 다양한 기간별로 측정될 수 있으며, 주식 차트에서 막대그래프로 시각화됩니다.

거래량 분석은 주가의 움직임과 투자자들의 행동을 이해하는 데 중요한 정보를 제공합니다. 거래량이 중요한 이유를 몇 가지로 나누어 설명해 보겠습니다.

1. 주가 변동의 신뢰성 확인

주가의 변동이 거래량과 함께 발생할 때, 해당 주가 변동은 더 신뢰할 수 있습니다. 예를 들어, 주가가 급격히 상승하는 동안 거래량이 많이 증가한다면, 이는 많은 투자자들이 해당 주식을 매수하고 있음을 의미합니다. 반대로, 거래량이 적은 상태에서 주가가 변동할 경우, 해당 변동은 일시적일 가능성이 높습니다.

2. 매수와 매도의 압력 파악

거래량은 매수와 매도의 압력을 파악하는 데 도움을 줍니다. 거래량이 급증하면서 주가가 상승한다면, 이는 매수 압력이 강하다는 것을 의미합니다. 반대로, 거래량이 급증하면서 주가가 하락한다면, 이는 매도 압력이 강하다는 것을 의미합니다. 이를 통해 투자자들은 시장의 방향성을 예측할 수 있습니다.

3. 추세의 지속성 확인

거래량은 주가의 추세가 지속될 가능성을 확인하는 데 유용합니다. 상승 추세에서 거래량이 지속적으로 증가하면, 해당 상승 추세가 지속될 가능성이 높습니다. 반대로, 하락 추세에서 거래량이 지속적으로 증가하면, 해당 하락 추세가 지속될 가능성이 높습니다. 거래량이 줄어들기 시작하면 추세의 약화나 전환을 예고할 수 있습니다.

4. 패턴 분석

거래량은 주식 차트의 다양한 패턴을 분석하는 데 사용됩니다. 예를 들어, 머리와 어깨 Head and Shoulders 패턴이나 이중 바닥 패턴은 거래량을 통해 더욱 명확히 확인할 수 있습니다. 이러한 패턴들은 주가의 반전 신호를 제공하며, 거래량이 함께 분석되면 신호의 신뢰성이 높아집니다.

거래량을 분석하는 방법에는 여러 가지가 있습니다. 몇 가지 주요 방법을 소개하겠습니다.

1. 거래량 이동평균선

거래량 이동평균선은 일정 기간의 평균 거래량을 선으로 나타낸 것입니다. 이는 주가의 이동평균선과 유사한 방식으로 계산됩니다. 거래량 이동평균선을 통해 거래량의 변동성을 줄이고, 전체적인 흐름을 파악할 수 있습니다. 예를 들어, 20일 거래량 이동평균선은 최근 20일간의 거래량 평균을 계산하여 시각화한 것입니다.

2. 거래량 비율

거래량 비율은 특정 기간의 거래량을 이전 기간의 거래량과 비교하는 지표입니다. 거래량 비율을 통해 거래량의 급증이나 감소를 확인할 수 있습니다. 예를 들어, 오늘의 거래량이 지난 5일간의 평균 거래량보다 2배 이상 많다면, 이는 거래량이 급증했음을 의미합니다.

3. OBV_{On-Balance Volume}

OBV는 거래량을 누적하여 계산하는 지표로, 주가와 거래량의 상관관계를 분석합니다. 주가가 상승할 때의 거래량을 누적하고, 주가가 하락할 때의 거래량을 차감하여 계산합니다. OBV가 상승하면 매수 압력이 강하다는 것을 의미하며, OBV가 하락하면 매도 압력이 강하다는 것을 의미합니다.

4. VPT_{Volume Price Trend}

VPT는 주가의 변화와 거래량을 결합하여 계산하는 지표로, 주가와 거래량의 변화를 분석합니다. VPT는 주가가 상승할 때 거래량이 증가하면 상승하고, 주가가 하락할 때 거래량이 증가하면 하락합니다. 이를 통해 주가의 변동성과 거래량의 관계를 파악할 수 있습니다.

거래량 분석을 실전에서 활용하는 방법을 예시와 함께 설명하겠습니다. 가상의 주가 데이터를 사용하여 거래량 분석이 어떻게 적용되는지 살펴보겠습니다.

예시 : 거래량과 주가 변동의 관계

가상의 주가 데이터에서 거래량과 주가의 변동을 분석해 보겠습니다. 예를 들어, 주가가 상승하는 동안 거래량이 급증한 경우, 이는 강한 매수 압력을 의미합니다. 반대로, 주가가 하락하는 동안 거래량이 급증한 경우, 이는 강한 매도 압력을 의미합니다.

가격 및 거래량 분석

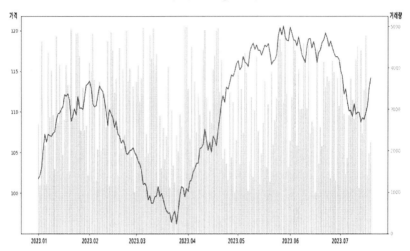

거래량 분석은 주가 변동의 신뢰성을 확인하고, 매수와 매도의 압력을 파악하며, 추세의 지속성을 확인하는 데 중요한 역할을 합니다. 이를 통해 투자자들은 더욱 신뢰성 있는 투자 결정을 내릴 수 있습니다.

주식의 가치 평가 방법은 무엇인가요?

주식을 평가하는 방법에는 여러 가지가 있는데요, 이를 이해하면 투자 결정을 내리는 데 큰 도움이 됩니다. 그럼 차근차근 설명해 드리겠습니다.

기본적 분석이란?

기본적 분석은 회사를 자세히 분석하는 것입니다. 회사의 건강 상태를 진단하고, 앞으로 성장할 가능성이 있는지 평가하는 것이죠. 마치 병원에서 건강 검진을 받는 것과 비슷합니다. 여기에는 재무제표 분석, 재무 비율 분석, 시장 상황 및 경쟁 분석, 그리고 경영진 평가가 포함됩니다.

재무제표 분석

재무제표는 회사의 재정 상태를 한눈에 보여주는 보고서입니다. 크게 세 가지가 있어요. 손익계산서, 대차대조표, 현금흐름표입니다.

- 손익계산서는 회사의 수익과 비용, 그리고 순이익을 보여줍니다. 이를 통해 회사가 돈을 잘 벌고 있는지, 비용 관리를 잘하고 있는지를 알 수 있죠.
- 대차대조표는 회사의 자산, 부채, 자본을 나타냅니다. 회사가 얼마나 많은 자산을 가지고 있고, 얼마나 많은 빚을 지고 있는지를 파악할 수 있습니다.
- 현금흐름표는 회사의 현금 유입과 유출을 보여줍니다. 회사가 실제로 현금을 얼마나 잘 관리하고 있는지 알 수 있죠.

재무 비율 분석

재무 비율은 재무제표의 데이터를 활용해 회사의 건강 상태를 더 구체적으로 평가하는 방법입니다. 몇 가지 중요한 비율을 알아볼까요?

- PER(주가수익비율) : 주가를 주당순이익$_{EPS}$으로 나눈 비율입니다. PER이 낮을수록 주가가 저평가되었을 가능성이 높습니다. 예를 들어, A 회사의 주가가 10만 원이고, 주당순이익이 1만 원이라면, PER은 10이 됩니다.
- PBR(주가순자산비율) : 주가를 주당순자산가치$_{BPS}$로 나눈 비율입니다. PBR이 낮을수록 주가가 저평가되었을 가능성이 높습니다. 예를 들어, A 회사의 주가가 10만 원이고, 주당순자산가치가 5만 원이라면, PBR은 2가 됩니다.
- ROE(자기자본이익률) : 순이익을 자기자본으로 나눈 비율입니다. ROE

가 높을수록 회사가 자본을 효율적으로 활용하고 있음을 나타냅니다. 예를 들어, A 회사의 순이익이 1억 원이고, 자기자본이 10억 원이라면, ROE는 10%가 됩니다.

- ROA(총자산이익률) : 순이익을 총자산으로 나눈 비율입니다. ROA가 높을수록 회사가 자산을 효율적으로 활용하고 있음을 나타냅니다. 예를 들어, A 회사의 순이익이 1억 원이고, 총자산이 20억 원이라면, ROA는 5%가 됩니다.

시장 상황 및 경쟁 분석

회사가 속한 산업의 성장 가능성, 시장 점유율, 주요 경쟁사의 동향 등을 분석하여 회사의 미래 가치를 평가합니다. 예를 들어, A 회사가 기술 산업에 속해 있다면, 기술 산업의 성장 전망과 A 회사의 시장 점유율을 분석하여 평가할 수 있습니다.

경영진 평가

회사의 경영진이 얼마나 유능하고 신뢰할 수 있는지 평가하는 것도 중요합니다. 경영진의 과거 실적, 전략적 비전, 경영 스타일 등을 분석하여 회사의 장기적인 성장 가능성을 평가합니다.

기술적 분석이란?

기술적 분석은 주가와 거래량의 과거 데이터를 분석하여 미래의 주가 변동을 예측하는 방법입니다. 기술적 분석의 기본 도구는 주가 차트입니다.

차트 분석

주가 차트를 통해 주가의 흐름과 패턴을 분석하여 매수와 매도의 시점을 결정합니다. 캔들 차트는 특정 기간의 시가, 종가, 최고가, 최저가를 시각적으로 보여줍니다. 이동평균선은 일정 기간의 주가 평균을 선으로 나타낸 것으로, 단기, 중기, 장기 이동평균선을 통해 주가의 추세를 파악할 수 있습니다.

기술적 지표

기술적 지표는 주가와 거래량의 데이터를 기반으로 계산된 지표로, 주가의 향후 움직임을 예측하는 데 사용됩니다. 대표적인 기술적 지표로는 RSI, MACD, 볼린저 밴드*가 있습니다. RSI는 주가의 상승과 하락 압력을 비교하여 과매수와 과매도

볼린저 밴드
미국의 재무분석가 존 볼린저가 1980년대에 개발한 기술적 분석 도구

상태를 평가하는 지표입니다. RSI가 70 이상이면 과매수, 30 이하이면 과매도로 간주합니다. MACD는 단기 이동평균선과 장기 이동평균선의 차이를 이용하여 주가의 변동성을 분석하는 지표입니다. MACD가 시그널 라인을 상향 돌파하면 매수 신호, 하향 돌파하면 매도 신호로 간주합니다. 볼린저 밴드는 주가의 표준 편차를 이용하여 변동성 범위를 나타내는 지표입니다. 주가가 볼린저 밴드의 상한선에 근접하면 과매수, 하한선에 근접하면 과매도로 간주합니다.

비교 평가법이란?

비교 평가법은 비슷한 기업들의 주가와 재무 비율을 비교하여 주식의 가치를 평가하는 방법입니다. 주로 PER, PBR, PSR을 사용하여 평가합니다. 예를 들어, A 기업의 PER이 10이고, B 기업의 PER이 15라면, A 기업이 상대적으로 저평가되었을 가능성이 있습니다. PBR 비교도 마찬가지로 동일 산업 내에서 비슷한 규모의 기업의 PBR을 비교하여 평가합니다. PSR 비교는 기업의 매출을 기준으로 주가를 평가하는 방법입니다. PSR이 낮을수록 주가가 저평가되었을 가능성이 높습니다. PSR은 특히 이익이 적거나 적자를 기록하고 있는 성장 기업의 가치를 평가할 때 유용합니다.

할인 현금 흐름 분석이란?

할인 현금 흐름 분석$_{DCF}$은 미래의 예상 현금 흐름을 현재 가치로 할인하여 주식의 가치를 평가하는 방법입니다. DCF 분석의 주요 단계는 현금 흐름 예측, 할인율 결정, 현재 가치 계산으로 나뉩니다. 현금 흐름 예측은 회사의 미래 현금 흐름을 예측하는 단계로, 매출, 비용, 이익 등을 기반으로 합니다. 할인율 결정은 미래 현금 흐름을 현재 가치로 할인하기 위해 사용되는 할인율을 결정하는 단계로, 보통 가중평균자본비용$_{WACC}$*을 사용합니다. 현재 가치는 예측된 미래

가중평균자본비용
기업이 자금을 조달할 때 발생하는 전체적인 자본 비용을 나타내는 지표

현금 흐름을 할인율로 할인하여 계산되며, 이를 통해 회사의 전체 가치를 평가할 수 있습니다.

주식의 가치를 평가하는 방법에는 기본적 분석, 기술적 분석, 비교 평가법, 할인 현금 흐름 분석 등 여러 가지가 있습니다. 각 방법은 주식의 가치를 측정하고 투자 결정을 내리는 데 도움을 줍니다. 여러 가지 가치 평가 방법을 이해하고 이를 종합적으로 활용하여 보다 신뢰성 있는 투자 결정을 내릴 수 있도록 노력해야 합니다.

06

재무제표는 어떻게 분석하나요?

재무제표는 회사의 재정 상태를 한눈에 보여주는 중요한 도구입니다. 재무제표를 잘 이해하고 분석할 수 있으면, 회사의 현재 상황과 미래 전망을 더 정확히 판단할 수 있습니다. 그럼, 재무제표 분석의 기본적인 내용을 차근차근 설명해 드리겠습니다.

재무제표는 크게 세 가지로 나뉩니다. 손익계산서, 대차대조표, 현금흐름표입니다. 각각의 재무제표가 어떤 정보를 제공하는지 먼저 알아보겠습니다.

1. 손익계산서

손익계산서는 회사의 일정 기간의 수익과 비용을 보여줍니다. 이를 통해 회사가 얼마나 돈을 벌었는지, 그리고 비용이 얼마나 들었는지를 알 수 있습니다.

- 매출액 : 회사가 제품이나 서비스를 판매하여 얻은 총수익입니다. 매출액이 높을수록 회사의 판매 활동이 활발하다는 것을 의미합니다.
- 매출원가 : 제품이나 서비스를 판매하는 데 직접적으로 들어간 비용입니다. 매출액에서 매출원가를 뺀 값을 매출총이익이라고 합니다.
- 영업이익 : 매출총이익에서 영업비용(판매비, 관리비 등)을 뺀 값입니다. 이는 회사의 주된 영업 활동으로부터 얻은 이익을 나타냅니다.
- 순이익 : 모든 비용(세금, 이자비용 등)을 제외하고 최종적으로 남은 이익입니다. 순이익이 높을수록 회사의 경영 성과가 좋다는 것을 의미합니다.

손익계산서를 분석할 때는 각 항목의 변화를 주의 깊게 살펴봐야 합니다. 예를 들어, 매출액이 꾸준히 증가하고 있는지, 영업이익과 순이익이 안정적으로 유지되고 있는지 확인합니다. 매출액은 늘어나는데 영업이익이나 순이익이 줄어든다면, 비용 관리에 문제가 있을 수 있습니다.

2. 대차대조표

대차대조표는 회사의 특정 시점의 자산, 부채, 자본을 나타냅니다. 이를 통해 회사가 얼마나 많은 자산을 보유하고 있으며, 얼마나 많은 부채를 가졌는지 알 수 있습니다.
- 자산 : 회사가 보유하고 있는 모든 자산입니다. 자산은 유동자산(현금, 재고 등)과 비유동자산(건물, 기계 등)으로 나뉩니다.
- 부채 : 회사가 갚아야 할 모든 부채입니다. 부채는 유동부채(1년 내 갚

아야 할 부채)와 비유동부채(장기 부채)로 나뉩니다.

- 자본 : 자산에서 부채를 뺀 나머지 금액으로, 주주가 보유한 자산입니다. 자본금, 이익잉여금 등이 포함됩니다.

대차대조표를 분석할 때는 자산과 부채의 비율을 주의 깊게 살펴봐야 합니다. 자산이 부채보다 많으면 재무 상태가 건전하다고 할 수 있습니다. 또한, 유동비율(유동자산/유동부채)과 부채비율(총부채/총자본) 같은 비율도 중요한데, 유동비율이 높을수록 단기 채무를 갚을 능력이 높고, 부채비율이 낮을수록 재무 구조가 안정적입니다.

3. 현금흐름표

현금흐름표는 회사의 일정 기간 현금의 유입과 유출을 보여줍니다. 이를 통해 회사가 현금을 얼마나 효율적으로 관리하고 있는지 알 수 있습니다.

- 영업활동 현금흐름 : 영업 활동을 통해 발생한 현금 흐름입니다. 영업 활동 현금흐름이 플러스라면 회사의 영업 활동이 현금을 창출하고 있다는 의미입니다.
- 투자활동 현금흐름 : 투자 활동을 통해 발생한 현금 흐름입니다. 주로 설비 투자, 부동산 구매 등의 활동이 포함됩니다.
- 재무활동 현금흐름 : 재무 활동을 통해 발생한 현금 흐름입니다. 주식 발행, 부채 상환, 배당 지급 등의 활동이 포함됩니다.

현금흐름표를 분석할 때는 영업활동 현금흐름이 안정적으로 플러스인지 확인하는 것이 중요합니다. 영업활동 현금흐름이 마이너스라면, 회사가 영업 활동에서 현금을 충분히 창출하지 못하고 있다는 의미입니다. 또한, 투자활동 현금흐름과 재무활동 현금흐름도 살펴봐야 합니다. 예를 들어, 지속적인 설비 투자가 이루어지고 있는지, 재무 활동을 통해 자금을 효과적으로 조달하고 있는지를 확인합니다.

재무제표 분석은 주식 투자의 기초 중의 기초입니다. 손익계산서를 통해 회사의 수익성과 비용 관리를, 대차대조표를 통해 재무 건전성과 자산 관리를, 현금흐름표를 통해 현금 관리 상태를 파악할 수 있습니다.

07

주식의 목표가는 어떻게 설정하나요?

주식 투자에서 목표가를 설정하는 것은 매우 중요한 과정입니다. 목표가는 주식을 매수하거나 매도할 때 목표로 하는 가격을 말하는데요, 이를 통해 보다 체계적이고 전략적인 투자가 가능합니다.

목표가를 설정하는 것은 투자에서 매우 중요합니다. 목표가가 있으면 매도 시점을 명확히 할 수 있고, 감정에 휘둘리지 않고 전략적으로 투자할 수 있습니다. 또한, 목표가를 통해 투자 계획을 세우고, 위험을 관리할 수 있습니다.

1. 기본적 분석을 통한 목표가 설정

기본적 분석은 회사의 내재 가치를 평가하여 목표가를 설정하는 방법입니다. 기본적 분석에서는 주로 재무제표, 재무 비율, 산업 전망 등을 분석합니다.

회사의 재무제표를 분석하여 목표가를 설정할 수 있습니다. 손익계산서, 대차대조, 현금흐름표를 통해 회사의 수익성, 재무 건전성, 현금 흐름을 평가합니다. 예를 들어, ABC 회사의 재무제표를 분석한 결과, 순이익이 꾸준히 증가하고 있으며, 부채 비율이 낮아 재무 건전성이 높다고 판단됩니다. 이를 바탕으로 목표가를 설정합니다.

재무 비율을 활용하여 목표가를 설정할 수 있습니다. 주요 재무 비율로는 PER, PBR, ROE 등이 있습니다.
- PER(주가수익비율) : 주가를 주당순이익으로 나눈 비율입니다. 예를 들어, ABC 회사의 PER이 10이고, 주당순이익이 5,000원이면, 목표가는 5,000원 × 10 = 50,000원이 될 수 있습니다.
- PBR(주가순자산비율) : 주가를 주당순자산가치로 나눈 비율입니다. 예를 들어, ABC 회사의 PBR이 2이고, 주당순자산가치가 25,000원이면, 목표가는 25,000원 × 2 = 50,000원이 될 수 있습니다.

회사가 속한 산업의 성장 가능성, 시장 점유율, 경쟁사의 동향 등을 분석하여 목표가를 설정할 수 있습니다. (예 : ABC 회사가 속한 전기차 산업이 급성장하고 있고, ABC 회사가 시장 점유율을 확대하고 있다면, 긍정적인 산업 전망을 반영하여 목표가를 설정할 수 있습니다.)

2. 기술적 분석을 통한 목표가 설정
기술적 분석은 주가 차트와 기술적 지표를 활용하여 목표가를 설정하는 방법입니다. 주가의 과거 움직임을 분석하여 미래의 가격 변동을 예측합니다.

차트 패턴을 분석하여 목표가를 설정할 수 있습니다. 대표적인 차트 패턴으로는 머리와 어깨 패턴, 이중 바닥 패턴 등이 있습니다.

- 머리와 어깨 패턴 : 이 패턴은 주가가 세 번의 고점을 형성한 후 하락하는 형태입니다. 목표가는 머리의 고점에서 목선을 뺀 값을 목선에서 뺀 값입니다. (예 : 머리의 고점이 60,000원, 목선이 50,000원이라면, 목표가는 50,000원 - (60,000원 - 50,000원) = 40,000원이 됩니다)

기술적 지표를 활용하여 목표가를 설정할 수 있습니다. 대표적인 기술적 지표로는 이동평균선, RSI, MACD 등이 있습니다.

- 이동평균선 : 주가가 이동평균선을 돌파할 때 목표가를 설정할 수 있습니다. 예를 들어, 50일 이동평균선을 돌파할 때 목표가를 설정하는 방법이 있습니다. (예 : 주가가 50일 이동평균선인 45,000원을 돌파하면, 목표가를 50,000원으로 설정할 수 있습니다)

- RSI(상대 강도 지수) : RSI가 과매수 구간(70 이상)에 도달하면 목표가를 설정할 수 있습니다. (예 : RSI가 70 이상으로 올라갔을 때, 목표가를 현재 주가에서 10% 높은 가격으로 설정할 수 있습니다)

3. 비교 평가법을 통한 목표가 설정

비교 평가법은 비슷한 기업들과 비교하여 목표가를 설정하는 방법입니다. 주로 PER, PBR, PSR을 사용하여 평가합니다.

- PER 비교 : 비슷한 기업들의 PER을 비교하여 목표가를 설정합니다. (예 : ABC 회사의 PER이 10이고, 주요 경쟁사인 XYZ 회사의 PER이 12라면, ABC 회사의 목표가는 PER 12 기준으로 설정할 수 있습니다. 주당순이익이 5,000원이라면, 목표가는 5,000원 × 12 = 60,000원이 됩니다)
- PBR 비교 : 비슷한 기업들의 PBR을 비교하여 목표가를 설정합니다. (예 : ABC 회사의 PBR이 2이고, 주요 경쟁사인 XYZ 회사의 PBR이 2.5라면, ABC 회사의 목표가는 PBR 2.5 기준으로 설정할 수 있습니다. 주당순자산가치가 25,000원이라면, 목표가는 25,000원 × 2.5 = 62,500원이 됩니다)

4. 할인 현금 흐름 분석을 통한 목표가 설정

DCF 분석은 미래의 예상 현금 흐름을 현재 가치로 할인하여 목표가를 설정하는 방법입니다. DCF 분석의 주요 단계는 현금 흐름 예측, 할인율 결정, 현재 가치 계산입니다.

- 현금 흐름 예측 : 회사의 미래 현금 흐름을 예측합니다. (예 : ABC 회사가 앞으로 5년 동안 매년 10억 원의 현금 흐름을 창출할 것으로 예상됩니다)
- 할인율 결정 : 미래 현금 흐름을 현재 가치로 할인하기 위해 사용되는 할인율을 결정합니다. 일반적으로 가중평균자본비용을 사용합니다. (예 : 할인율을 10%로 설정합니다)
- 현재 가치 계산 : 예측된 미래 현금 흐름을 할인율로 할인하여 현재 가치를 계산합니다. (예 : 10억 원을 10% 할인율로 5년 동안 할인하면, 현재 가치는 약 37.92억 원이 됩니다)

기본적 분석, 기술적 분석, 비교 평가법, 할인 현금 흐름 분석을 통해 목표가를 설정할 수 있습니다. 각각의 방법을 종합적으로 활용하여 보다 신뢰성 있는 목표가를 설정하시길 바랍니다. 목표가를 명확히 설정하면 투자 전략을 세우고, 수익을 극대화하는 데 큰 도움이 됩니다.

08

호재와 악재는 주가에 어떤 영향을 미치나요?

주식 시장에서는 여러 가지 요인들이 주가에 영향을 미치는데, 그중에서도 호재와 악재는 가장 큰 영향을 미치는 요소 중 하나입니다.

호재란 무엇인가요?

호재란 주식 시장에서 긍정적인 소식이나 이벤트를 의미합니다. 이러한 호재는 투자자들에게 긍정적인 신호로 작용하여 주가를 상승시키는 경향이 있습니다. 몇 가지 예를 들어볼까요?

1. **실적 발표** : 회사의 실적이 예상보다 좋게 나왔을 때, 이는 투자자들에게 좋은 소식이 됩니다. 예를 들어, ABC 회사가 분기 실적 발표에서 예상보다 높은 매출과 순이익을 기록했다면, 이는 주가 상승의 호재가 될 수 있습니다.

2. **신제품 출시** : 회사가 혁신적인 신제품을 출시하거나 새로운 시장에 진출하는 경우, 이는 회사의 미래 수익성을 높이는 긍정적인 요인으로 작용할 수 있습니다. 예를 들어, ABC 회사가 혁신적인 전자 제품을 출시했다면, 이는 주가 상승의 호재가 될 수 있습니다.

3. **합병 및 인수** : 회사가 다른 회사를 인수하거나 합병할 때, 이는 회사의 시장 점유율을 확대하고 경쟁력을 강화하는 긍정적인 요인이 될 수 있습니다. 예를 들어, ABC 회사가 경쟁사인 XYZ 회사를 인수한다면, 이는 주가 상승의 호재가 될 수 있습니다.

4. **정부 정책** : 정부의 경제 정책이 특정 산업에 유리하게 작용할 때, 이는 해당 산업에 속한 회사들에 호재가 될 수 있습니다. 예를 들어, 정부가 친환경 정책을 강화하여 전기차 산업을 지원하는 경우, 전기차 제조사의 주가가 상승할 수 있습니다.

악재란 무엇인가요?

악재란 주식 시장에서 부정적인 소식이나 이벤트를 의미합니다. 이러한 악재는 투자자들에게 부정적인 신호로 작용하여 주가를 하락시키는 경향이 있습니다. 몇 가지 예를 들어볼까요?

1. **실적 부진** : 회사의 실적이 예상보다 나쁘게 나왔을 때, 이는 투자자들에게 나쁜 소식이 됩니다. 예를 들어, ABC 회사가 분기 실적 발표에서 예상보다 낮은 매출과 순이익을 기록했다면, 이는 주가 하락의 악재가 될 수 있습니다.

2. **경영진 교체** : 회사의 경영진이 갑작스럽게 교체되거나, 경영진이 부정적인 이유로 사임하는 경우, 이는 회사의 경영 안정성에 대한 의문을 불러일으킬 수 있습니다. 예를 들어, ABC 회사의 CEO가 부정적인 이유로 사임한다면, 이는 주가 하락의 악재가 될 수 있습니다.

3. **규제 강화**: 정부의 규제가 강화되어 회사의 사업 활동에 부정적인 영향을 미치는 경우, 이는 악재가 될 수 있습니다. 예를 들어, 정부가 특정 산업에 대한 규제를 강화하여 해당 산업의 회사들이 불이익을 받게 된다면, 주가가 하락할 수 있습니다.

4. **경쟁 심화**: 시장에서의 경쟁이 심화하여 회사의 시장 점유율이 감소하는 경우, 이는 악재가 될 수 있습니다. 예를 들어, ABC 회사의 주요 경쟁사들이 더욱 공격적인 마케팅 전략을 펼쳐 ABC 회사의 시장 점유율이 감소한다면, 이는 주가 하락의 악재가 될 수 있습니다.

호재와 악재는 주가에 직접적인 영향을 미칩니다. 호재가 발생하면 투자자들은 주식을 매수하려고 하고, 이는 주가 상승으로 이어질 수 있습니다. 반대로, 악재가 발생하면 투자자들은 주식을 매도하려고 하고, 이는 주가 하락으로 이어질 수 있습니다. 중요한 점은 호재와 악재가 단기적인 주가 변동에 영향을 미칠 수 있다는 것입니다. 그러나 장기적으로는 회사의 근본적인 가치가 주가에 더 큰 영향을 미칩니다.

여기서 실제 사례를 통해 더 쉽게 이해해 봅시다.

사례 1 : 호재 – 테슬라

몇 년 전, 테슬라가 새로운 전기차 모델을 발표했을 때를 생각해 보세요. 이 뉴스는 큰 호재로 작용했습니다. 많은 투자자가 테슬라의 주식을 사기 시작했고, 테슬라의 주가는 크게 상승했습니다. 새로운 전기차 모델이 성공할 것이라는 기대감이 주가 상승을 이끈 것입니다.

사례 2 : 악재 – 보잉

반대로, 몇 년 전 보잉의 항공기 사고가 발생했을 때를 생각해 보세요. 이 뉴스는 큰 악재로 작용했습니다. 많은 투자자가 보잉의 주식을 팔기 시작했고, 보잉의 주가는 급락했습니다. 사고로 인해 보잉의 미래에 대한 불안감이 커졌기 때문입니다.

호재는 주가 상승을, 악재는 주가 하락을 유발할 수 있습니다. 주식 투자를 할 때는 이러한 호재와 악재를 잘 파악하고, 이를 바탕으로 현명한 투자 결정을 내리는 것이 중요합니다. 주식 시장에서 성공적인 투자를 위해서는 꾸준히 시장 뉴스를 모니터링하고, 호재와 악재를 분석하는 습관을 지니는 것이 필요합니다.

09

주식 관련 뉴스를 어떻게 해석하나요?

주식 시장에서는 매일 많은 뉴스가 쏟아져 나옵니다. 이 뉴스들을 잘 해석하면 언제 주식을 사거나 팔아야 할지, 어떤 주식을 주목해야 할지 등을 결정하는 데 큰 도움이 됩니다. 그럼, 뉴스 해석 방법을 차근차근 설명해 드리겠습니다.

주식 관련 뉴스는 주가에 직접적인 영향을 미치는 중요한 정보입니다. 뉴스를 잘 해석하면 언제 주식을 사거나 팔아야 할지, 어떤 주식을 주목해야 할지 등을 결정하는 데 큰 도움이 됩니다. 하지만 모든 뉴스가 주가에 큰 영향을 미치는 것은 아닙니다. 따라서 어떤 뉴스가 중요한지, 어떻게 해석해야 하는지를 이해하는 것이 중요합니다.

1. 뉴스의 종류 이해하기

먼저, 주식 관련 뉴스의 종류를 이해하는 것이 중요합니다. 주식 시장에 영향을 미치는 뉴스는 크게 몇 가지로 나눌 수 있습니다.

기업 관련 뉴스
- 실적 발표 : 분기별 또는 연간 실적 발표는 주가에 큰 영향을 미칩니다. 매출, 이익, 예상 실적 등이 포함됩니다.
- 신제품 출시 : 새로운 제품이나 서비스를 출시하는 뉴스는 회사의 성장 가능성을 나타내며 주가에 긍정적인 영향을 줄 수 있습니다.
- 합병 및 인수 : 기업 간의 합병이나 인수 뉴스는 주가에 큰 변동을 일으킬 수 있습니다. 성공적인 합병은 시너지 효과를 기대하게 하여 주가를 상승시킬 수 있습니다.
- 경영진 변동 : CEO나 주요 임원의 교체는 회사의 방향성에 큰 영향을 미칩니다.

경제 관련 뉴스
- 금리 변동 : 중앙은행의 금리 인상이나 인하 뉴스는 전체 주식 시장에 큰 영향을 미칩니다. 금리가 오르면 대출 비용이 증가해 기업 이익에 부정적 영향을 미칠 수 있습니다.
- 물가 지수 : 물가 상승률(인플레이션)은 소비자 지출과 기업 비용에 영향을 미치기 때문에 중요합니다.

- 고용 지표 : 고용률과 실업률은 경제의 건강 상태를 보여줍니다. 고용이 증가하면 경제가 활발해지고 주식 시장도 긍정적으로 반응할 수 있습니다.

정치 및 국제 뉴스

- 정책 변화 : 정부의 새로운 정책 발표는 특정 산업에 큰 영향을 미칠 수 있습니다. 예를 들어, 환경 규제가 강화되면 관련 기업에 부정적 영향을 줄 수 있습니다.
- 국제 갈등 : 무역 전쟁, 국제 분쟁 등은 세계 경제에 영향을 미쳐 주가 변동을 일으킬 수 있습니다.

2. 뉴스 해석 방법

이제 뉴스를 어떻게 해석해야 하는지 구체적으로 알아보겠습니다.

실적 발표 해석하기

기업의 실적 발표는 중요한 뉴스 중 하나입니다. 실적 발표를 해석할 때는 다음을 주의 깊게 보세요.

- 매출과 이익 : 회사의 매출이 증가했는지, 이익이 증가했는지 확인하세요. 매출과 이익이 예상보다 높다면 이는 긍정적인 신호입니다.
- 전망 : 회사가 다음 분기나 다음 해에 대해 어떤 전망을 제시하는지도 중요합니다. 긍정적인 전망을 제시하면 주가가 상승할 가능성이 높습니다.

신제품 출시 해석하기

신제품 출시 뉴스는 회사의 성장 가능성을 평가하는 데 중요한 요소입니다.

- 제품의 혁신성 : 신제품이 기존 제품보다 얼마나 혁신적인지, 시장에서 얼마나 수요가 있을지 평가하세요.

- 시장 반응 : 신제품에 대한 초기 반응이나 사전 주문량도 중요한 지표입니다. 긍정적인 반응이 많다면 주가에 긍정적인 영향을 미칠 수 있습니다.

합병 및 인수 뉴스 해석하기

합병이나 인수 뉴스는 주가에 큰 영향을 미칩니다.

- 합병 시너지 : 합병이나 인수가 회사에 얼마나 큰 시너지 효과를 가져올지 평가하세요. 시너지 효과가 클수록 주가에 긍정적인 영향을 미칠 수 있습니다.

- 재무적 영향 : 합병이나 인수가 회사의 재무 상태에 어떤 영향을 미칠지도 중요합니다. 큰 부채를 안고 합병하는 경우 주가에 부정적인 영향을 줄 수 있습니다.

경제 뉴스 해석하기

경제 뉴스는 전체 시장에 영향을 미칩니다.

- 금리 변동 : 금리가 인상되면 주가가 하락할 가능성이 있습니다. 금리가 인하되면 주가가 상승할 가능성이 있습니다.

- 물가 지수 : 물가가 급격히 상승하면 소비자 지출이 감소하고, 기업 비

용이 증가하여 주가에 부정적인 영향을 미칠 수 있습니다.

- 고용 지표 : 고용 지표가 좋으면 경제가 활발하다는 신호로 주가에 긍정적인 영향을 미칠 수 있습니다.

3. 실제 사례를 통한 뉴스 해석

여기서 실제 사례를 통해 뉴스를 어떻게 해석하는지 알아보겠습니다.

사례 1 : 애플의 실적 발표

애플이 이번 분기 실적 발표에서 매출 100조 원, 순이익 20조 원을 기록했다고 가정해 봅시다. 이는 애플이 예상했던 매출 90조 원, 순이익 18조 원을 뛰어넘는 결과입니다. 이런 경우 애플의 주가는 상승할 가능성이 높습니다. 투자자들은 애플의 실적이 좋다고 판단하여 주식을 더 많이 사들일 것이기 때문입니다.

사례 2 : 테슬라의 신차 출시

테슬라가 새로운 전기차 모델을 발표했다고 가정해 봅시다. 이 차가 혁신적인 기능을 갖추고 있으며, 시장 반응이 매우 긍정적입니다. 사전 주문량도 예상보다 많다고 발표되었습니다. 이런 경우 테슬라의 주가는 상승할 가능성이 높습니다. 투자자들은 새로운 모델이 테슬라의 매출을 많이 증가시킬 것으로 기대하기 때문입니다.

이렇게 주식 관련 뉴스를 어떻게 해석하는지 알아보았습니다. 주식 투자를 할 때는 뉴스를 잘 해석하여 시장의 흐름을 읽고, 적절한 투자 결정을 내리는 것이 중요합니다. 실적 발표, 신제품 출시, 합병 및 인수, 경제 지표 등 다양한 뉴스를 꼼꼼히 분석하고, 그 영향이 주가에 어떻게 반영될지 생각해 보는 습관을 지니세요.

10

시장 지표(예 : KOSPI, NASDAQ 등)는 무엇을 의미하나요?

시장 지표는 주식 시장의 전반적인 흐름을 보여주는 중요한 도구입니다. KOSPI, NASDAQ 같은 지표들을 이해하면 주식 시장의 상황을 더 잘 파악할 수 있습니다. 그럼, 시장 지표가 무엇인지, 그리고 각 지표가 무엇을 의미하는지 차근차근 설명해 드리겠습니다.

시장 지표는 주식 시장의 전반적인 상태를 나타내는 지표입니다. 쉽게 말해, 시장 지표는 여러 개별 주식의 가격을 종합하여 하나의 숫자로 나타낸 것입니다. 이를 통해 우리는 주식 시장이 전체적으로 상승하고 있는지, 하락하고 있는지를 한눈에 알 수 있습니다.

시장 지표에는 여러 가지가 있는데, 그중에서도 가장 많이 사용되는 몇 가지를 살펴보겠습니다.

1. KOSPI

KOSPI는 한국의 종합주가지수입니다. 한국거래소에 상장된 모든 주식을 대상으로 하며, 한국 주식 시장의 전반적인 흐름을 보여줍니다. KOSPI가 상승하면 한국 주식 시장의 전체적인 주가가 상승하고 있다는 의미이고, 반대로 KOSPI가 하락하면 전체적인 주가가 하락하고 있다는 의미입니다.

예를 들어, 오늘 KOSPI가 3% 상승했다면, 이는 한국 주식 시장의 대부분 주식이 상승했음을 의미합니다. 반대로 KOSPI가 2% 하락했다면, 대부분의 주식이 하락했음을 의미합니다.

2. KOSDAQ

KOSDAQ은 한국의 기술주 중심 시장 지수입니다. 벤처 기업이나 기술 혁신 기업들이 주로 상장되어 있습니다. KOSDAQ 지수는 이러한 기업들의 주가 흐름을 나타내며, 기술주에 대한 투자자들의 관심과 시장의 전반적인 건강 상태를 보여줍니다.

예를 들어, KOSDAQ 지수가 상승하면 기술주가 강세를 보인다는 의미이고, 하락하면 기술주가 약세를 보인다는 의미입니다.

3. NASDAQ

NASDAQ은 미국의 기술주 중심 주식 시장 지수입니다. 애플, 마이크로소프트, 구글 등 세계적인 기술 기업들이 상장되어 있습니다. NASDAQ 지수는 이러한 기술주들의 주가 흐름을 나타내며, 글로벌 기술 산업의 상태를 보여줍니다.

예를 들어, NASDAQ 지수가 상승하면 글로벌 기술주들이 강세를 보인다는 의미이고, 하락하면 약세를 보인다는 의미입니다.

4. S&P 500

S&P 500은 미국의 대표적인 주식 시장 지수로, 미국을 대표하는 500개 대형 기업의 주가를 종합하여 산출합니다. S&P 500 지수는 미국 경제 전체의 건강 상태를 반영하는 지표로 널리 사용됩니다.

예를 들어, S&P 500 지수가 상승하면 미국 경제가 전반적으로 강세를 보인다는 의미이고, 하락하면 약세를 보인다는 의미입니다.

5. 다우 존스 산업 평균 지수

다우 존스 지수는 미국의 대표적인 30개 대형 기업의 주가를 종합하여 산출하는 지수입니다. 주로 전통적인 산업 분야의 기업들이 포함되어 있으며, 미국 주식 시장의 전반적인 흐름을 나타냅니다.

예를 들어, 다우 존스 지수가 상승하면 미국의 대형 산업 기업들이 강세를 보인다는 의미이고, 하락하면 약세를 보인다는 의미입니다.

시장 지표는 투자자들에게 중요한 정보를 제공합니다. 시장 지표를 통해 투자자들은 전체 시장의 분위기를 파악할 수 있고, 이를 바탕으로 투자 결정을 내릴 수 있습니다.

시장이 전반적으로 상승 추세에 있을 때는 공격적인 투자 전략을, 하락 추세에 있을 때는 방어적인 투자 전략을 세울 수 있습니다. 예를 들어,

KOSPI가 지속적으로 상승하고 있다면, 투자자들은 추가 매수를 고려할 수 있습니다. 반대로 KOSPI가 하락 추세에 있다면, 현금 보유 비중을 늘리거나 방어적인 종목으로 포트폴리오를 조정할 수 있습니다.

시장 지표는 경제의 전반적인 상태를 반영합니다. 예를 들어, S&P 500 지수가 지속적으로 상승하고 있다면, 이는 미국 경제가 건강하다는 신호로 해석될 수 있습니다. 반대로, 지수가 하락하고 있다면 경제가 어려움을 겪고 있을 가능성이 큽니다.

실제 사례를 통해 더 쉽게 이해해 보겠습니다.

사례 1 : KOSPI의 상승

어느 날 KOSPI가 3% 상승했다고 가정해 봅시다. 이는 한국 주식 시장의 전반적인 분위기가 매우 긍정적이라는 의미입니다. 여러 기업의 주가가 상승하고 있다는 뜻이므로, 투자자들은 추가 매수를 고려할 수 있습니다.

사례 2 : NASDAQ의 하락

반대로, NASDAQ 지수가 2% 하락했다고 가정해 봅시다. 이는 글로벌 기술주들이 약세를 보인다는 의미입니다. 이럴 때는 기술주에 대한 투자를 신중하게 고려하거나, 다른 산업으로 투자 대상을 분산시키는 전략이 필요할 수 있습니다.

KOSPI, KOSDAQ, NASDAQ, S&P 500 등 주요 시장 지표는 주식 시장

의 전반적인 상태를 나타내며, 투자 전략을 수립하는 데 중요한 역할을 합니다. 시장 지표를 잘 이해하고 해석하면, 보다 현명한 투자 결정을 내릴 수 있습니다.

3장

성공적인
투자 전략
10가지

장기 투지와 단기 투자의 차이를 이해하고, 분산 투자와 가치 투자의 중요성을 배웁니다. 성장 주식과 배당 주식, ETF와 펀드의 차이점을 익히고, 투자 목표 설정과 포트폴리오 구성 방법을 학습합니다. 평균 매수 단가 낮추기, 적립식 투자, 스탑로스의 필요성을 다룹니다.

장기 투자와 단기 투자의 차이점은 무엇인가요?

투자자들은 자신의 목표와 성향에 따라 장기 투자를 선택할 수도 있고, 단기 투자를 선택할 수도 있습니다. 이 두 가지 투자 방법은 각기 다른 전략과 접근 방식이 필요하며, 각각의 장단점이 있습니다.

장기 투자란 무엇인가요?

먼저, 장기 투자에 관해 이야기해 보겠습니다. 장기 투자는 주식을 오랜 동안 보유하여 이익을 얻는 전략입니다. 일반적으로 몇 년에서 몇십 년 동안 주식을 보유하는 것을 의미합니다. 장기 투자의 목표는 회사의 성장과 함께 주식의 가치가 상승하는 것을 기대하는 것입니다.

장기 투자의 특징

1. 시간 : 장기 투자는 몇 년에서 몇십 년 동안 주식을 보유합니다.

2. 안정성 : 주식 시장의 단기 변동성을 무시하고, 장기적인 성장에 집중
   합니다.

3. 배당 수익 : 장기 투자자는 배당금 수익도 누릴 수 있습니다. 많은 회
   사가 정기적으로 주주에게 배당금을 지급합니다.

4. 복리 효과 : 장기 투자는 시간이 지날수록 복리의 효과를 누릴 수 있
   습니다. 이자는 이자에 이자를 붙여 점점 더 큰 수익을 창출합니다.

장기 투자의 장점

- 안정적인 수익 : 시간이 지남에 따라 시장이 성장하면 주식의 가치도
  상승할 가능성이 큽니다.

- 스트레스 감소 : 단기 변동성에 신경 쓰지 않고, 장기적인 목표에 집중
  할 수 있습니다.

- 복리 효과 : 장기적으로 투자하면 복리의 마법을 경험할 수 있습니다.
  투자한 금액이 시간이 지남에 따라 기하급수석으로 늘어납니다.

장기 투자의 단점

- 유동성 부족 : 장기 투자는 돈을 오랫동안 묶어두기 때문에 긴급한 자
  금이 필요할 때 불편할 수 있습니다.

- 시장 위험 : 장기적으로 보유하는 동안 시장의 큰 변화에 노출될 수
  있습니다. 예를 들어, 경제 위기 같은 상황이 발생할 수 있습니다.

단기 투자란 무엇인가요?

이제 단기 투자에 대해 알아보겠습니다. 단기 투자는 주식을 짧은 기간 동안 보유하여 이익을 얻는 전략입니다. 일반적으로 며칠에서 몇 달 동안 주식을 보유합니다. 단기 투자의 목표는 시장의 단기 변동성을 이용해 빠른 수익을 얻는 것입니다.

단기 투자의 특징
1. 시간 : 단기 투자는 며칠에서 몇 달 동안 주식을 보유합니다.
2. 변동성 : 주식 시장의 단기 변동성을 활용하여 수익을 추구합니다.
3. 활발한 거래 : 단기 투자자는 자주 거래하여 수익을 실현합니다.
4. 기술적 분석 : 단기 투자자는 차트와 기술적 지표를 분석하여 매수와 매도의 시점을 결정합니다.

단기 투자의 장점
- 빠른 수익 실현 : 단기 투자자는 이른 시간 안에 수익을 실현할 수 있습니다.
- 유동성 : 돈이 짧은 기간만 묶여 있어 필요할 때 쉽게 현금화할 수 있습니다.
- 시장 기회 활용 : 단기적인 시장 기회를 이용해 수익을 극대화할 수 있습니다.

단기 투자의 단점

- 높은 위험 : 주식 시장의 단기 변동성은 예측하기 어려워 높은 위험을 동반합니다.
- 스트레스 : 자주 거래하다 보면 스트레스가 많을 수 있습니다. 매일 시장을 지켜봐야 하기 때문입니다.
- 거래 비용 : 자주 거래하면 수수료와 세금 등 거래 비용이 많이 발생할 수 있습니다.

실제 사례를 통해 더 쉽게 이해해 보겠습니다.

사례 1 : 장기 투자

워런 버핏은 장기 투자로 유명한 투자자입니다. 그는 코카콜라, 애플 등의 주식을 오랫동안 보유하여 큰 이익을 거두었습니다. 워런 버핏은 "좋은 회사를 사서 오랫동안 보유하라"는 전략을 고수합니다. 이렇게 장기적으로 안정적인 회사를 선택하여 투자하면 복리 효과를 통해 큰 수익을 기대할 수 있습니다.

사례 2 : 단기 투자

단기 투자로 유명한 트레이더들은 주식의 단기 변동성을 이용하여 수익을 추구합니다. 예를 들어, 하루 동안 주식을 매수하고 매도하여 차익을 실현하는 데이 트레이더들이 있습니다. 이들은 차트와 기술적 지표를 분석하여 매매 시점을 결정하고, 빠르게 수익을 실현합니다.

장기 투자는 오랫동안 주식을 보유하며 안정적인 수익을 추구하는 전략이고, 단기 투자는 짧은 기간 동안 주식을 보유하며 빠른 수익을 추구하는 전략입니다. 각자의 투자 목표와 성향에 맞는 전략을 선택하는 것이 중요합니다.

02

분산 투자란 무엇이며, 왜 중요한가요?

분산 투자는 쉽게 말해 '계란을 한 바구니에 담지 않는다'라는 겁니다. 모든 돈을 하나의 주식에 투자하지 않고 여러 주식이나 자산에 나눠서 투자하는 것을 말해요. 이렇게 하면 위험을 줄일 수 있습니다.

그렇다면 왜 분산 투자가 중요할까요? 두 가지 이유가 있습니다.

1. 위험을 줄일 수 있습니다.

주식 투자에는 항상 위험이 따릅니다. 한 회사의 주식에만 투자하면 그 회사의 실적이 나빠질 때 큰 손해를 볼 수 있습니다. 하지만 여러 회사의 주식에 투자하면, 한 회사가 부진하더라도 다른 회사의 성장이 그 손해를 어느 정도 상쇄해 줄 수 있습니다. 쉽게 말해, "모든 달걀을 한 바구니에 담지 마라"는 격언과 같습니다. 여러 바구니에 나누어 담으면 한 바구니를 떨어뜨려도 다른 바구니의 달걀은 안전하니까요.

예를 들어 철수는 모든 돈을 A라는 회사의 주식에 투자했습니다. 그런데 A 회사의 제품이 문제를 일으켜 주가가 크게 떨어졌습니다. 이 경우 철수는 큰 손실을 보게 됩니다.

반면에 영희는 A 회사뿐만 아니라 B, C, D 회사의 주식에도 나누어 투자했습니다. 만약 A 회사의 주가가 떨어지더라도 B, C, D 회사의 주가는 오를 수 있습니다. 그래서 전체적으로 손실이 덜할 수 있습니다. 이렇게 여러 회사에 나누어 투자하면 한 회사의 주가 하락이 전체 자산에 미치는 영향을 줄일 수 있습니다.

2. 수익을 안정적으로 가져갈 수 있습니다.

다양한 주식에 투자하면 어느 한 주식이 오를 때 다른 주식이 내려도 전체적으로 안정적인 수익을 기대할 수 있습니다. 주식 시장은 예측하기 어려운 경우가 많으므로, 분산 투자를 통해 안정성을 높이는 것이 중요합니다. 예를 들어, IT 업계 주식과 전통 제조업 주식을 동시에 가지고 있다면, 특정 업계의 불황이 전체 투자에 미치는 영향을 줄일 수 있습니다.

예를 들어, 철수는 모든 돈을 IT 회사 주식에만 투자했습니다. IT 업계는 변동이 심해서 주가가 오를 때는 크게 오르지만, 떨어질 때도 크게 떨어집니다. 그래서 철수는 큰 이익을 보기도 하지만 큰 손실도 볼 수 있습니다.

반면에 영희는 IT 회사 주식뿐만 아니라 식품 회사, 헬스케어 회사, 금융 회사의 주식에도 투자했습니다. IT 회사 주가가 떨어지더라도 식품 회사나 헬스케어 회사 주가가 오르면 전체적인 수익은 안정적일 수 있습니다. 이렇게 다양한 업종에 나누어 투자하면 특정 업종의 변동에 영향을 덜 받게 되어 수익이 안정적일 수 있습니다.

그렇다면, 분산 투자는 어떻게 할 수 있을까요? 방법은 여러 가지가 있지만, 몇 가지 예를 들어보겠습니다.

1. 여러 산업에 투자하기 : IT, 헬스케어, 금융, 소비재 등 다양한 산업의 주식을 사는 것입니다.
2. 다양한 지역에 투자하기 : 한국뿐만 아니라 미국, 유럽, 아시아 등 여러 나라의 주식을 사는 것도 좋은 방법입니다.
3. 다양한 자산에 투자하기 : 주식뿐만 아니라 채권, 부동산, 금 등 다른 자산에도 투자할 수 있습니다.

분산 투자는 위험을 줄이고 안정적인 이익을 얻기 위해 꼭 필요한 전략입니다. 한 가지에만 집중하기보다는 여러 가지에 나누어 투자하는 것이 주식 투자의 기본 원칙 중 하나입니다.

가치 투자란 무엇인가요?

가치 투자는 현재 시장에서 저평가된 주식을 찾아내어 투자하는 방법입니다. 주식의 내재 가치를 분석하고, 그 가치보다 저렴하게 거래되는 주식을 매수하는 전략이죠. 쉽게 말해, '싸게 사서 비싸게 판다'는 것입니다.

그럼, 왜 가치 투자가 중요한지 알아볼까요? 예를 들어, 어떤 회사의 주가가 1주당 10,000원이라고 가정해 봅시다. 그런데 그 회사의 진짜 가치는 20,000원이라고 판단된다면, 그 주식은 저평가된 것입니다. 이런 주식을 사서, 나중에 시장이 그 가치를 제대로 평가하게 되면 주가는 상승하겠죠. 그때 주식을 팔아서 이익을 얻는 것이 가치 투자입니다.

그럼 가치 투자를 어떻게 할까요? 몇 가지 중요한 요소를 살펴보겠습니다.

1. **재무제표 분석** : 가치 투자자는 회사의 재무제표를 꼼꼼히 분석합니다. 매출, 이익, 부채 등을 통해 회사의 재정 상태를 파악하고, 회사가

꾸준히 성장하고 있는지 확인합니다.

2. **기업의 경쟁력** : 그 회사가 시장에서 경쟁력을 가졌는지, 앞으로 성장 가능성이 있는지를 봅니다. 예를 들어, 삼성전자는 기술력과 브랜드 파워를 가지고 있어 경쟁력이 높습니다.

3. **현재 주가와 실제 가치 비교** : 주가가 실제 가치보다 낮게 형성되어 있는지 판단합니다. 예를 들어, 어떤 회사가 자산과 수익에 비해 주가가 낮다면, 이 회사는 저평가된 것으로 볼 수 있습니다.

워런 버핏이라는 이름을 들어보셨나요? 그는 가치 투자의 대가로 유명합니다. 버핏은 항상 회사의 진짜 가치를 분석하고, 그 가치보다 낮게 거래되는 주식을 찾아 투자했습니다. 그 결과, 장기적으로 큰 성공을 거두었죠.

예를 들어, A라는 회사가 있다고 해봅시다. A 회사는 매년 꾸준히 이익을 내고 있고, 부채도 거의 없습니다. 그런데 현재 시장에서는 이 회사의 주가가 저평가되어 거래되고 있습니다. 이럴 때, A 회사의 주식을 사는 것이 가치 투자의 좋은 예입니다. 시간이 지나면서 시장은 이 회사의 가치를 제대로 평가하게 될 것이고, 주가는 상승할 가능성이 높습니다.

가치 투자는 현재 저평가된 주식을 찾아 투자함으로써 장기적으로 높은 이익을 얻는 방법입니다. 재무제표를 분석하고, 기업의 경쟁력을 평가하며, 현재 주가와 실제 가치를 비교하는 것이 중요합니다.

성장 주식과 배당 주식의 차이는 무엇인가요?

성장 주식은 회사의 매출과 이익이 빠르게 성장할 것으로 기대되는 주식을 말합니다. 이런 회사들은 보통 새로운 기술이나 혁신적인 제품을 가지고 있거나, 급성장하는 시장에서 사업을 하고 있습니다. 주가가 빠르게 오를 가능성이 높으므로, 투자자들은 미래의 높은 수익을 기대하고 투자합니다.

예를 들어, 테슬라를 생각해 볼 수 있습니다. 테슬라는 전기차 시장에서 혁신적인 기술과 높은 성장 가능성을 가지고 있기 때문에 많은 투자자들이 주목하고 있습니다. 테슬라는 최근 몇 년 동안 매출과 이익이 빠르게 성장해 왔고, 그에 따라 주가도 크게 상승했습니다.

반면에, 배당 주식은 안정적이고 꾸준한 수익을 제공하는 회사의 주식을 말합니다. 이런 회사들은 매년 일정한 금액을 주주들에게 배당금으로 지급합니다. 보통 성숙한 산업에 속해 있고, 이미 안정적인 시장 점유율을 확보한 회사들입니다. 배당 주식에 투자하는 이유는 주가 상승보다는 안정적인 수익을 기대하기 때문입니다.

예를 들어, 코카콜라를 생각해 볼 수 있습니다. 코카콜라는 이미 전 세계적으로 널리 알려진 브랜드로, 매년 꾸준한 이익을 내고 있습니다. 그리고 이익의 일부를 배당금으로 주주들에게 지급합니다. 따라서 코카콜라 주식을 보유하고 있으면 매년 일정한 배당금을 받을 수 있어요.

정리해 보면, 성장 주식과 배당 주식의 차이는 다음과 같습니다.

1. **수익 재투자 vs. 배당금 지급** : 성장 주식은 대부분의 수익을 사업 확장에 재투자하고, 배당금을 거의 지급하지 않습니다. 반면 배당 주식은 꾸준한 수익을 내고 그 일부를 배당금으로 지급합니다.
2. **주가 상승 가능성 vs. 안정적 수익** : 성장 주식은 회사의 빠른 성장으로 인해 주가가 크게 상승할 가능성이 높습니다. 배당 주식은 큰 성장은 기대하기 어렵지만, 안정적인 배당금 수익을 제공합니다.
3. **위험과 보상** : 성장 주식은 높은 성장 가능성을 가지고 있지만, 그만큼 위험도 큽니다. 배당 주식은 상대적으로 안정적이지만, 높은 수익을 기대하기는 어렵습니다.

어떤 주식에 투자할지는 여러분의 투자 목표와 성향에 따라 다릅니다. 높은 수익을 기대하며 위험을 감수할 준비가 되어 있다면 성장 주식이 적합할 수 있습니다. 반면에, 안정적인 수익을 선호하고 위험을 줄이고 싶다면 배당 주식이 더 나을 수 있습니다.

ETF와 펀드는 무엇이며, 어떻게 투자하나요?

ETF는 'Exchange Traded Fund'의 약자로, 상장지수펀드라고 합니다. ETF는 주식처럼 거래소에서 사고팔 수 있는 투자 상품입니다. 주식처럼 실시간으로 거래할 수 있어서 유동성이 높고, 다양한 자산에 분산 투자할 수 있습니다.

예를 들어, 여러분이 삼성전자, 현대자동차, LG화학 등의 주식에 동시에 투자하고 싶다고 해보세요. 각각의 주식을 따로 사려면 긴 시간이 걸리고 복잡할 수 있습니다. 하지만 'KODEX 200' 같은 ETF를 사면, 이 ETF가 KOSPI 200 지수에 포함된 200개 기업의 주식을 포함하고 있어서 한 번에 다양한 주식에 투자할 수 있습니다.

펀드는 여러 투자자로부터 모은 돈을 전문 운용사가 다양한 주식, 채권 등에 투자하는 상품입니다. 펀드는 보통 하루에 한 번 가격이 결정되며, 거래소가 아닌 펀드를 제공하는 금융기관을 통해 거래됩니다.

ETF와 펀드의 차이를 간단히 정리해 볼까요?

1. **거래 방식** : ETF는 주식처럼 거래소에서 실시간으로 사고팔 수 있습니다. 반면, 펀드는 금융기관을 통해 하루에 한 번 가격이 결정되어 거래됩니다.

2. **유동성** : ETF는 주식 시장에서 실시간으로 거래되기 때문에 유동성이 높습니다. 펀드는 유동성이 상대적으로 낮습니다.

3. **운용 방식** : ETF는 보통 특정 지수를 추종하도록 설계되어 있으며, 소극적 운용이 많습니다. 펀드는 적극적인 운용을 통해 높은 수익을 목표로 합니다.

ETF와 펀드에 투자하는 방법을 알아보겠습니다.

1. ETF 투자 방법

- 증권 계좌를 개설합니다.
- 증권사 앱이나 웹사이트에서 원하는 ETF를 검색합니다.
- 원하는 수량만큼 매수 주문을 넣습니다.
- 실시간으로 거래가 체결되며, 계좌에서 해당 ETF를 확인할 수 있습니다.

2. 펀드 투자 방법

- 은행이나 증권사에 방문하여 펀드 계좌를 개설합니다.
- 펀드 상담을 통해 자신의 투자 목적과 위험 성향에 맞는 펀드를 선택합니다.

- 투자 금액을 정하고, 펀드에 가입합니다.
- 하루에 한 번 가격이 결정되며, 일정 기간 펀드 수익을 확인합니다.

ETF는 주식처럼 실시간으로 거래할 수 있는 상장지수펀드이고, 펀드는 여러 투자자가 모은 돈을 전문 운용사가 다양한 자산에 투자하는 상품입니다. 두 가지 모두 분산 투자를 통해 위험을 줄일 수 있는 좋은 방법입니다.

국내 ETF

종목	현재가	전일비	3개월수익률	거래량	시가총액(억)
KODEX 200	37,765	▲ 490	+3.41%	2,916,513	62,350
TIGER 200	37,840	▲ 490	+3.42%	1,375,320	22,477
KODEX 200TR	13,120	▲ 175	+3.23%	174,848	22,258
KBSTAR 200	38,015	▲ 510	+3.41%	146,722	12,583
TIGER MSCI Korea TR	16,095	▲ 245	+2.23%	2,025	11,862

<출처 : 네이버페이 증권>

해외 ETF

종목	현재가	전일비	3개월수익률	거래량	시가총액(억)
TIGER 미국S&P500	18,630	▲ 145	+10.21%	1,672,580	36.925
TIGER 미국나스닥100	120,110	▲ 2,010	+11.93%	142,736	35.144
TIGER 미국필라델피아 반도체나스닥	20,390	▲ 740	+13.30%	3,121,761	27.272
TIGER 미국테크TOP10 INDXX	20,870	▲ 490	+21.42%	2,108,647	25.044
TIGER 차이나전기차 SOLACTIVE	7,675	▲ 30	-1.86%	7,778,147	19.313

<출처 : 네이버페이 증권>

한국 ETF와 해외 ETF의 장단점

구분	한국 ETF	해외 ETF
장점		
거래 편의성	국내 증권사에서 쉽게 거래 가능	다양한 글로벌 증권사에서 거래 가능
정보 접근성	한국 기업과 시장에 대한 정보가 풍부함	다양한 국가와 산업에 투자 가능
환율 리스크	원화로 거래되어 환율 변동에 따른 리스크가 적음	다양한 테마와 전략을 가진 투자 상품이 많아 선택의 폭이 넓음
단점		
투자 범위	주로 한국 기업에 투자하여 글로벌 분산 투자 한계	외화로 거래되므로 환율 변동에 따른 리스크가 있음
성장성	성숙한 시장으로 높은 성장성 기대 어려움	해외 기업과 시장에 대한 정보 접근이 상대적으로 어려움
거래 시간 차이	실시간 거래가 가능	거래 시간대가 달라 실시간 거래 어려움

06

투자 목표 설정은 어떻게 해야 하나요?

투자 목표 설정은 여러분이 투자를 통해 달성하고자 하는 구체적인 목표를 정하는 과정입니다. 목표가 명확하면 그 목표를 달성하기 위한 계획을 세우고, 목표에 도달했는지 평가할 수 있습니다. 또한 목표가 있으면 투자 중에 발생하는 다양한 유혹이나 불안감을 극복하는 데 도움이 됩니다.

투자 목표 설정의 중요성

투자 목표를 설정하는 것은 매우 중요합니다. 목표가 명확하면 투자 방향을 정하고, 적절한 전략을 수립하는 데 도움이 됩니다. 목표는 구체적이고 측정할 수 있어야 합니다. 예를 들어 "5년 후에 5천만 원을 모아 집을 사고 싶다"라는 구체적이고 명확한 목표입니다.

투자 목표를 설정하기 위해 다음 단계를 따를 수 있습니다:

1. 목표를 명확히 정의하기

첫 번째 단계는 여러분의 투자 목표를 명확히 정의하는 것입니다. 목표는 구체적이고 측정할 수 있어야 합니다. 여러분은 왜 투자하는지, 달성하고자 하는 구체적인 금액은 얼마인지, 목표를 달성하기 위한 시간은 얼마나 되는지 등을 고려해 보세요.

예를 들어, "5년 후에 5천만 원을 모아 집을 사고 싶다"라는 구체적이고 명확한 목표입니다. 또 다른 예로 "10년 후에 은퇴 자금을 마련하고 싶다"라는 장기 목표를 설정할 수 있습니다.

2. 목표를 달성하기 위한 시간 프레임 설정하기

두 번째 단계는 목표를 달성하기 위한 시간을 설정하는 것입니다. 목표는 단기, 중기, 장기적으로 나눌 수 있습니다.

 - 단기 목표 : 1년 이내에 달성하고자 하는 목표
 - 중기 목표 : 1년에서 5년 사이에 달성하고자 하는 목표
 - 장기 목표 : 5년 이상에 걸쳐 달성하고자 하는 목표

예를 들어, "1년 안에 여행 자금을 마련하겠다"라는 단기 목표이고, "10년 안에 은퇴 자금을 마련하겠다"라는 장기 목표입니다.

3. 위험 허용 범위 결정하기

세 번째 단계는 여러분의 위험 허용 범위를 결정하는 것입니다. 투자에는 항상 위험이 따르기 마련입니다. 목표를 달성하기 위해 얼마나 큰 위험을 감수할 수 있는지 생각해 보세요.

- 높은 위험 : 높은 수익을 기대하지만, 큰 손실 가능성도 있음
- 중간 위험 : 중간 수준의 수익과 위험
- 낮은 위험 : 낮은 수익을 기대하지만, 안정적인 투자

예를 들어, 은퇴 자금을 마련하기 위한 장기 목표라면, 높은 위험을 감수하고 주식에 투자할 수 있습니다. 반면, 1년 안에 필요한 여행 자금이라면, 낮은 위험의 채권이나 예금에 투자하는 것이 좋습니다.

4. 투자 전략 수립하기

네 번째 단계는 목표를 달성하기 위한 투자 전략을 수립하는 것입니다. 여러분의 목표와 시간 프레임, 위험 허용 범위에 따라 적절한 자산을 선택하고, 투자 계획을 세웁니다.

- 자산 배분 : 주식, 채권, 부동산 등 다양한 자산에 분산 투자합니다.
- 정기 투자 : 매달 일정 금액을 정기적으로 투자하는 적립식 투자를 고려합니다.
- 위험 관리 : 스탑로스 설정, 분산 투자 등을 통해 위험을 관리합니다.

예를 들어, 5년 후 집을 사기 위한 목표라면, 주식과 채권을 적절히 혼합하여 포트폴리오를 구성하고, 매달 일정 금액을 투자하여 자산을 꾸준히 늘려갑니다.

투자 목표 설정

목표유형	목표	시간프레임	위험허용범위	투자전략
단기 목표	1년 안에 500만 원 모으기	1년	낮음	채권, 예금 등 안전한 자산에 투자
중기 목표	5년 안에 5천만 원 모으기	5년	중간	주식과 채권을 혼합한 포트폴리오 구성, 정기 투자
장기 목표	20년 안에 은퇴 자금 2억 원 마련하기	20년	높음	주식 중심의 포트폴리오 구성, 정기 투자, 리밸런싱

투자 목표 설정은 성공적인 투자 전략의 첫걸음입니다. 목표를 명확히 정의하고, 시간 프레임을 설정하며, 위험 허용 범위를 결정하고, 적절한 투자 전략을 수립하는 것이 중요합니다. 명확한 목표를 가지고 투자하면, 목표 달성을 위한 계획을 세우고, 투자 중에 발생하는 다양한 유혹이나 불안감을 극복하는 데 도움이 됩니다.

07

주식 포트폴리오는 어떻게 구성하나요?

주식 포트폴리오란 여러 주식을 조합하여 하나의 투자 묶음을 만드는 것을 말합니다. 다양한 주식에 분산 투자함으로써 위험을 줄이고, 안정적인 이익을 얻을 수 있습니다. 그럼, 주식 포트폴리오를 어떻게 구성하는지 알아볼까요?

먼저, 투자 목표를 설정해야 합니다. 투자 기간, 목표 수익률, 위험 허용 범위 등을 고려하여 자신만의 투자 목표를 세우세요. 예를 들어, 5년 이내에 20%의 수익을 목표로 하거나, 위험을 최소화하고 안정적인 이익을 얻고 싶다는 목표를 설정할 수 있습니다.

다양한 산업과 기업에 분산 투자하는 것이 중요합니다. 모든 자금을 하나의 주식에 투자하는 것은 위험합니다. 여러 주식에 분산 투자하여 위험을 줄일 수 있습니다. 예를 들어, IT 분야(삼성전자, 네이버), 금융 분야(신한지주, KB금융), 소비재 분야(아모레퍼시픽, LG생활건강) 등 이렇게 여러 산업의 주식을 조합하면 특정 산업의 변화에 덜 민감하게 됩니다.

성장주는 주가 상승 가능성이 높은 주식을 말하고, 배당주는 정기적으로 배당금을 지급하는 주식을 말합니다. 성장주와 배당주를 적절히 조합하여 포트폴리오를 구성하면 안정성과 성장성을 동시에 추구할 수 있습니다.

성장주는 높은 수익을 기대할 수 있지만 위험이 크고, 배당주는 안정적인 수익을 제공하지만, 성장가능성이 작을 수 있습니다. 두 종류를 적절히 섞어 투자하세요.

포트폴리오에서 각 주식의 비중을 적절히 조절해야 합니다. 특정 주식에 너무 큰 비중을 두지 않도록 주의하세요. 예를 들어, 전체 투자금의 10~20% 이상을 하나의 주식에 투자하지 않는 것이 좋습니다. (예 : 삼성전자 20%, 네이버 15%, KB금융 10%, 신한지주: 10%, LG생활건강 10%, 아모레퍼시픽 10%, 카카오 10%, 셀트리온 5%, SK텔레콤 5%, KT&G: 5%)

이렇게 비중을 조절하면 특정 주식의 변동성이 전체 포트폴리오에 미치는 영향을 줄일 수 있습니다.

주기적으로 포트폴리오를 점검하고 재조정하는 것이 중요합니다. 주식시장은 변동성이 크기 때문에 초기 설정한 비율이 달라질 수 있습니다. 정기적으로 포트폴리오를 점검하고 주가 상승으로 특정 주식의 비중이 높아졌다면 일부 매도하여 다른 주식이나 자산에 투자합니다.

주식 포트폴리오를 구성할 때는 다음을 꼭 기억하세요.

1. 투자 목표 설정

2. 분산 투자

3. 성장주와 배당주 조합

4. 주식 비중 조절

5. 정기적인 포트폴리오 재조정

이 원칙을 잘 지키면 위험을 줄이고 안정적인 이익을 얻을 수 있습니다.

08

평균 매수 단가를 낮추는 방법은 무엇인가요?

평균 매수 단가를 낮추는 것은 투자에서 중요한 전략 중 하나입니다. 주식의 가격이 떨어질 때 추가 매수를 통해 전체 매수 단가를 낮추면, 주가가 회복될 때 더 큰 이익을 얻을 수 있습니다. 그럼, 구체적인 방법을 알아볼까요?

1. 분할 매수 전략

분할 매수는 한 번에 많은 금액을 투자하지 않고, 일정 금액씩 여러 번에 나누어 투자하는 방법입니다. 이렇게 하면 주가 변동에 따른 위험을 줄일 수 있습니다. 예를 들어, A 회사의 주식을 10만 원에 10주 매수하려고 한다면, 한 번에 100만 원을 투자하는 대신, 20만 원씩 5회에 걸쳐 나눠서 투자하는 것입니다. 주가가 떨어질 때마다 추가 매수하면 평균 매수 단가가 낮아집니다.

2. 하락장에 추가 매수

주가가 하락할 때 추가 매수하여 평균 매수 단가를 낮출 수 있습니다. 주가가 떨어질 때 추가 매수하면 더 많은 주식을 더 저렴한 가격에 살 수 있어 전체 매수 단가를 낮출 수 있습니다. 예를 들어, A 회사의 주식을 10만 원에 10주 매수한 후, 주가가 8만 원으로 떨어졌을 때 추가로 10주를 매수하면, 평균 매수 단가는 (10만 원 + 8만 원) / 2 = 9만 원이 됩니다.

3. 정기적 매수

정기적으로 일정 금액을 투자하여 평균 매수 단가를 낮출 수 있습니다. 주가가 오를 때도 있고, 내릴 때도 있지만, 정기적으로 매수하면 전체 매수 단가가 평균적으로 낮아집니다. 예를 들어, 매달 10만 원씩 A 회사 주식을 매수하는 경우, 주가가 10만 원일 때 1주를 사고, 주가가 8만 원일 때 1주를 사면, 평균 매수 단가는 낮아집니다.

4. 리밸런싱

포트폴리오의 비중을 정기적으로 조정하여 평균 매수 단가를 낮출 수 있습니다. 주가가 하락한 주식을 추가 매수하고, 주가가 오른 주식을 일부 매도하면 전체 포트폴리오의 평균 매수 단가를 낮출 수 있습니다. 예를 들어, 포트폴리오에서 A 회사의 주가가 떨어졌다면, B 회사의 주가가 오른 부분을 매도하여 A회 사를 추가 매수합니다. 이렇게 하면 A 회사의 평균 매수 단가가 낮아집니다.

평균 매수 단가를 낮추는 방법은 다음과 같습니다.

1. **분할 매수 전략** : 한 번에 많은 금액을 투자하지 않고, 여러 번에 나눠서 투자합니다.

2. **하락장에 추가 매수** : 주가가 떨어질 때 추가 매수하여 평균 매수 단가를 낮춥니다.

3. **정기적 매수** : 정기적으로 일정 금액을 투자하여 주가 변동과 관계없이 매수합니다.

4. **리밸런싱** : 포트폴리오의 비중을 정기적으로 조정하여 평균 매수 단가를 낮춥니다.

이 방법들을 잘 활용하면 주가가 하락할 때도 효과적으로 대응할 수 있고, 장기적으로 더 큰 이익을 얻을 수 있습니다.

09

주식 투자와 적립식 투자의 차이는 무엇인가요?

주식 투자는 개별 주식을 직접 매수하여 해당 회사의 지분을 가지는 것을 말합니다. 주가가 오를 때 주식을 매도하여 차익을 얻거나, 배당금을 받을 수 있습니다. 주식 투자는 크게 두 가지 방식으로 나뉩니다.

1. **단기 투자** : 단기적인 주가 변동을 이용해 수익을 추구하는 방법입니다. 일일 거래(데이 트레이딩)나 스윙 트레이딩이 이에 해당합니다.
2. **장기 투자** : 장기간 주식을 보유하여 회사의 성장과 함께 수익을 추구하는 방법입니다. 가치 투자나 성장 투자가 이에 해당합니다.

적립식 투자는 일정 금액을 정기적으로 투자하는 방법입니다. 매월, 분기, 혹은 특정 기간마다 일정한 금액을 주식, 펀드, ETF 등에 투자합니다. 이렇게 하면 시장의 변동성과 관계없이 꾸준히 투자할 수 있어 장기적으로 안정적인 수익을 기대할 수 있습니다.

주식 투자와 적립식 투자

구분	주식 투자	적립식 투자
투자 방식	개별 주식을 직접 매수하여 투자	일정 금액을 정기적으로 주식, 펀드, ETF 등에 투자
목표	단기 차익이나 장기적인 주가 상승 및 배당 수익 추구	장기적인 안정적 수익 추구
변동성	주가 변동에 따라 큰 수익 또는 손실 가능	시장 변동성에 관계없이 꾸준한 투자
투자 관리	투자자가 직접 종목 선정 및 매매 시점 결정	정기적으로 자동 투자 가능, 투자 관리 부담이 적음
적합한 투자자	시장 분석과 종목 선정에 능숙한 투자자	투자 경험이 적거나 장기적이고 안정적인 수익을 원하는 투자자

주식 투자와 적립식 투자는 각각의 장단점이 있습니다. 자신의 투자 목표와 성향에 따라 선택하면 됩니다.

1. 주식 투자

- 주식 시장과 기업 분석에 관심이 많고, 단기적인 변동성에 대응할 자신이 있다면 주식 투자가 적합합니다.
- 삼성전자, 네이버, 카카오 등 개별 종목에 직접 투자하여 주가 상승이나 배당 수익을 추구합니다.

2. 적립식 투자

- 투자에 많은 시간을 할애하기 어렵거나, 장기적인 안정적 수익을 원한다면 적립식 투자가 좋습니다.

－ 인덱스 펀드, ETF, 적립식 펀드 등을 선택하여 매달 일정 금액을 투자합니다. 예를 들어, 'KODEX 200' ETF에 매달 10만 원씩 투자하는 방식입니다.

　주식 투자는 개별 종목을 직접 매수하여 수익을 추구하는 방법이고, 적립식 투자는 정기적으로 일정 금액을 투자하여 장기적인 수익을 추구하는 방법입니다. 자신의 투자 성향과 목표에 맞는 방식을 선택하는 것이 중요합니다.

10
스탑로스는 필수인가요?

스탑로스는 주가가 일정 수준 이하로 떨어졌을 때 자동으로 주식을 매도하여 손실을 줄이는 방법입니다. 이를 통해 큰 손실을 방지하고, 투자 자금을 보호할 수 있습니다. 주식 투자 시 투자자에게 가장 필요한 기능이라고 생각합니다.

스탑로스를 설정하면 주가가 예상치 못하게 급락할 때도 손실을 최소화할 수 있습니다. 시장 상황은 언제나 변동성이 크기 때문에, 어떤 일이 일어날지 예측하기 어렵습니다. 스탑로스를 통해 감정에 휘둘리지 않고 객관적으로 손실을 관리할 수 있습니다.

스탑로스를 설정하는 방법은 간단합니다. 주식을 매수한 후, 주가가 특정 가격 이하로 떨어지면 자동으로 매도 주문이 실행되도록 설정하는 것입니다.

예를 들어, A 회사 주식을 10만 원에 매수했다고 가정해 봅시다. 주가가

9만 원 이하로 떨어지면 자동으로 매도하도록 설정합니다. 이렇게 하면 주가가 급락할 때 손실을 1만 원으로 제한할 수 있습니다.

스탑로스의 장단점은 다음과 같습니다.

장점

1. **손실 최소화** : 주가가 급락할 때 손실을 제한할 수 있습니다.
2. **감정 배제** : 감정에 휘둘리지 않고 객관적으로 손실을 관리할 수 있습니다.
3. **자동 실행** : 설정된 가격에 도달하면 자동으로 매도 주문이 실행되어 실시간으로 시장을 감시할 필요가 없습니다.

단점

1. **과도한 매도** : 일시적인 주가 변동에도 스탑로스가 실행될 수 있습니다. 이후 주가가 회복되면 손실을 보고 매도한 것이 아쉬울 수 있습니다.
2. **설정의 어려움** : 적절한 스탑로스 가격을 설정하는 것이 어렵습니다. 너무 좁게 설정하면 잦은 매도가 발생할 수 있고, 너무 넓게 설정하면 손실이 커질 수 있습니다.

스탑로스를 사용할 때 고려할 점은 다음과 같습니다.

1. **적절한 가격 설정** : 주가의 변동성을 고려하여 적절한 스탑로스 가격을 설정해야 합니다. 일반적으로 매수 가격의 5~10% 이하로 설정하는 경우가 많습니다.

2. **정기적인 조정** : 시장 상황에 따라 스탑로스 가격을 조정할 필요가 있습니다. 주가가 상승하면 스탑로스 가격도 상승시켜 이익을 보호할 수 있습니다.

3. **분할 매도** : 스탑로스를 여러 단계로 나눠 설정하여 주가 변동에 더 유연하게 대응할 수 있습니다.

예를 들어, 삼성전자 주식을 10만 원에 매수했다고 가정해 봅시다. 주가가 하락하여 9만 원이 되면 손실을 줄이기 위해 자동으로 매도하도록 스탑로스를 설정합니다. 주가가 9만 원 이하로 떨어지면 자동으로 매도되어 손실을 최소화할 수 있습니다. 주가가 다시 상승할 경우, 매도되지 않기 때문에 이익을 볼 수 있습니다.

스탑로스는 주가가 급락할 때 손실을 줄이기 위한 중요한 도구입니다. 적절한 설정과 정기적인 조정을 통해 효과적으로 활용할 수 있습니다. 스탑로스를 통해 손실을 관리하고, 안정적인 투자를 이어가세요.

4장

투자 심리와
행동 요령
10가지

투자 심리가 주가에 미치는 영향을 이해하고, 공포와 탐욕의 사이클을 배웁니다. 감정 관리 방법과 손절매, 익절매의 중요성을 배우며, 개인 투자자들이 자주 저지르는 실수를 피하는 방법을 학습합니다. 과도한 거래를 피하고, 투자 원칙을 세우며, 투자 일지를 작성하는 법과 성공적인 투자자의 습관을 다룹니다.

투자 심리가 주가에 미치는 영향은 무엇인가요?

투자 심리란 투자자들이 주식 시장에서 느끼는 감정과 그에 따른 행동을 말합니다. 두려움, 탐욕, 기대, 낙담 등 다양한 감정이 포함되죠. 이러한 감정이 모여 시장 전체에 영향을 미치고, 결국 주가 변동에 큰 영향을 줍니다.

투자 심리가 주가에 미치는 영향은 다음과 같습니다.

1. **과도한 낙관과 탐욕** : 투자자들이 특정 주식이나 시장에 대해 지나치게 긍정적으로 전망할 때, 주가는 급격히 상승할 수 있습니다. 이는 투자자들이 주식을 대량으로 매수하면서 발생합니다. 그러나 지나친 낙관은 거품을 형성할 수 있으며, 이후 주가가 급락할 위험이 있습니다. 예를 들어, 2000년대 초반의 닷컴 버블을 예로 들 수 있습니다. 많은

투자자가 인터넷 기업의 성장 가능성에 대해 지나치게 낙관적이었고, 이에 따라 주가가 급격히 상승했습니다. 하지만 이후 거품이 꺼지면서 주가는 폭락했습니다.

2. **두려움과 공포** : 반대로, 투자자들이 특정 주식이나 시장에 대해 지나치게 부정적인 전망을 할 때, 주가는 급락할 수 있습니다. 이는 투자자들이 주식을 대량으로 매도하면서 발생합니다. 지나친 비관은 주가를 과도하게 낮출 수 있습니다. 예를 들어, 2008년 금융 위기 당시 많은 투자자가 금융 시장에 대해 큰 불안감을 가졌습니다. 이에 따라 주식 시장은 큰 폭으로 하락했지만, 이후 회복세를 보였습니다.

3. **군집 행동** : 투자자들이 다른 사람들의 행동을 따라가는 경향이 있습니다. 이를 군집 행동이라고 합니다. 한 투자자가 주식을 매수하거나 매도하면, 다른 투자자들도 이를 따라 하여 주가가 급등하거나 급락할 수 있습니다. 예를 들어, 특정 주식에 대해 긍정적인 뉴스가 나오면 많은 투자자가 동시에 매수에 나서면서 주가가 급등하는 경우가 있습니다. 반대로 부정적인 뉴스가 나오면 매도에 나서면서 주가가 급락할 수 있습니다.

4. **과매수와 과매도** : 투자 심리의 영향으로 주식이 과매수 되거나 과매도 되는 경우가 많습니다. 과매수는 주식이 너무 많이 매수되어 주가가 과도하게 상승한 상태를 말하고, 과매도는 주식이 너무 많이 매도되어 주가가 과도하게 하락한 상태를 말합니다. 예를 들어, A 회사의 주식이 연이어 좋은 실적을 발표하면서 주가가 지속적으로 상승했다면, 많은 투자자가 추가로 매수하게 되어 과매수 상태에 이를 수 있습

니다. 반면, 실적 악화로 주가가 계속 하락하면 과매도 상태에 이를 수 있습니다.

투자 심리를 관리하는 방법은 다음과 같습니다.

1. **장기적인 관점 유지** : 단기적인 주가 변동에 휘둘리지 않고 장기적인 투자 목표를 유지하세요. 장기적인 관점에서 투자하면 일시적인 감정 변화에 영향을 덜 받습니다. 예를 들어, 특정 주식이 일시적으로 하락하더라도 그 회사의 장기적인 성장 가능성을 믿고 보유합니다.

2. **철저한 분석** : 투자 결정을 할 때 감정에 의존하지 말고, 철저한 재무 분석과 시장 조사를 통해 결정하세요. 데이터와 사실에 기반한 결정을 내리는 것이 중요합니다. 예를 들어, A 회사에 투자하기 전에 재무 제표, 시장 동향, 경쟁사 등을 분석하여 투자 여부를 결정합니다.

3. **분산 투자** : 여러 자산에 분산 투자하면 특정 주식이나 시장의 변동성에 덜 영향을 받습니다. 이는 감정적인 결정을 줄이는 데 도움이 됩니다. 예를 들어, 다양한 산업과 지역의 주식에 분산 투자하여 전체 포트폴리오의 위험을 줄입니다.

투자 심리는 주가에 큰 영향을 미칩니다. 이를 관리하기 위해서는 장기적인 관점을 유지하고, 철저한 분석을 통해 감정에 휘둘리지 않는 투자를 해야 합니다. 또한, 분산 투자를 통해 위험을 줄일 수 있습니다.

02
공포와 탐욕의 사이클은 무엇인가요?

공포와 탐욕의 사이클은 주식 시장에서 투자자들의 감정이 주가에 영향을 미치는 주기를 말합니다. 이 사이클은 투자자들의 심리가 주가 상승과 하락을 반복하게 만드는 과정을 설명합니다. 투자자들은 주가가 오를 때 탐욕을 느끼고, 주가가 내릴 때 공포를 느끼며, 이러한 감정이 주가의 사이클을 형성합니다.

공포와 탐욕의 사이클 단계

1. 낙관 단계
주가가 상승하기 시작합니다. 경제가 호황을 맞이하고 기업 실적이 좋아지면서 투자자들은 낙관적인 전망을 하게 됩니다. 이 시기에는 비교적 적은 투자자들이 시장에 참가합니다.

2. 흥분 단계

주가 상승이 지속되면서 더 많은 투자자가 시장에 진입합니다. 투자자들은 큰 수익을 기대하며 더 많은 돈을 투자하고, 주가는 더 빠르게 상승합니다.

3. 극도의 탐욕 단계

주가가 최고점에 도달합니다. 모든 사람들이 주식 시장에 대해 긍정적으로 전망하고, 많은 투자자가 FOMO(놓치는 것에 대한 두려움)로 인해 무리하게 투자합니다. 이때 주가는 실제 가치보다 과대평가될 수 있습니다.

4. 불안 단계

주가가 최고점에서 하락하기 시작합니다. 일부 투자자들은 주가 하락을 예상하고 매도하기 시작합니다. 그러나 많은 투자자는 여전히 낙관적인 전망을 유지하며 주식을 보유합니다.

5. 부인 단계

주가 하락이 계속되면서 투자자들은 처음에는 이를 부인합니다. 일시적인 조정일 뿐이라고 생각하며 주식을 팔지 않습니다. 그러나 하락세가 지속되면 점차 불안감이 커집니다.

6. 공포 단계

주가가 크게 하락하면서 투자자들은 공포에 빠집니다. 손실을 줄이기 위해 많은 사람들이 주식을 매도하고, 이는 주가의 추가 하락을 초래합니다.

이 시기에 주가는 실제 가치보다 낮게 평가될 수 있습니다.

7. 절망 단계

주가가 바닥을 칩니다. 많은 투자자가 큰 손실을 보고 시장을 떠납니다. 투자 심리가 최악의 상태에 이르며, 대부분의 투자자가 주식 시장에 대해 부정으로 전망하게 됩니다.

8. 희망 단계

주가가 바닥을 찍고 서서히 회복되기 시작합니다. 소수의 투자자가 저점 매수를 시작하며, 시장에 대한 신뢰가 조금씩 회복됩니다.

9. 회복 단계

주가가 계속 상승하면서 점점 더 많은 투자자가 다시 시장에 진입합니다. 경제 지표가 개선되고 기업 실적이 회복되면서 낙관적인 전망이 다시 나타납니다.

2008년 금융 위기를 예로 들어볼게요. 금융 위기 이전에는 주택 시장이 호황을 누리며 많은 사람들이 낙관적으로 투자했습니다. 주가가 계속 상승하면서 탐욕이 극에 달했습니다. 그러나 서브프라임 모기지* 사태로 인해 주가가 급락하기 시작하자, 많은 투자자가 공포에 휩싸여

서브프라임 모기지
신용등급이 낮은 개인에게 제공되는 주택담보대출을 의미. 일반적인 프라임 모기지에 비해 금리가 2-4%포인트 더 높음..

주식을 매도했습니다. 이는 주가의 추가 하락을 초래했고, 시장은 절망 단계에 접어들었습니다. 이후 경제가 서서히 회복되면서 주가도 점차 상승하고, 투자자들의 신뢰가 회복되었습니다.

공포와 탐욕의 사이클을 극복하는 방법

1. 장기적 관점 유지

단기적인 주가 변동에 휘둘리지 않고, 장기적인 투자 목표를 유지하세요. 주식 시장은 장기적으로 상승하는 경향이 있습니다.

2. 분산 투자

다양한 자산에 투자하여 위험을 줄이세요. 주식, 채권, 부동산 등 여러 자산에 분산 투자하면 특정 자산의 변동성에 덜 민감해집니다.

3. 계획적인 투자

미리 세운 투자 계획에 따라 투자하고, 감정에 휘둘리지 않도록 하세요. 목표 수익률, 손절매 기준 등을 설정하고 이를 준수하세요.

4. 시장 분석과 공부

충분한 정보와 분석을 바탕으로 투자 결정을 내리세요. 시장의 흐름을 이해하고, 합리적인 판단을 내리는 것이 중요합니다.

공포와 탐욕 지수의 해석

0-25(극도의 공포)

시장이 극도의 공포에 휩싸여 있음을 의미합니다. 투자자들이 매우 불안해하며 주식을 매도하고 안전 자산으로 이동하는 시기입니다. 이때는 주가가 저평가될 가능성이 있습니다.

25-50(공포)

시장이 공포에 휩싸여 있지만 극단적인 수준은 아닙니다. 투자자들이 신중하게 행동하며 주식을 매도하는 경향이 있습니다.

50(중립)

시장이 중립적인 상태입니다. 투자자들이 낙관적이지도 비관적이지도 않으며, 시장이 안정된 상태를 유지하고 있습니다.

50-75(탐욕)

시장이 탐욕에 휩싸여 있습니다. 투자자들이 과도한 기대를 하고 주식을 매수하며, 주가가 고평가될 가능성이 있습니다.

75-100(극도의 탐욕)

시장이 극도의 탐욕에 휩싸여 있습니다. 투자자들이 무리하게 주식을 매수하며, 거품이 형성될 위험이 있습니다.

예를 들어, 공포와 탐욕 지수가 85라고 가정해 봅시다. 이는 시장이 극도의 탐욕 상태에 있음을 의미합니다. 많은 투자자가 주식을 무리하게 매수하고 있으며, 주가가 고평가될 가능성이 높습니다. 이럴 때는 신중하게 투자해야 하며, 일부 자산을 매도하여 수익을 실현하는 것도 고려할 수 있습니다.

반대로, 공포와 탐욕 지수가 15라고 가정해 봅시다. 이는 시장이 극도의 공포 상태에 있음을 의미합니다. 많은 투자자가 주식을 매도하고 있으며, 주가가 저평가될 가능성이 높습니다. 이럴 때는 저점 매수를 고려할 수 있으며, 장기적으로 좋은 투자 기회를 찾을 수 있습니다.

주식 시장에서 감정 관리는 어떻게 하나요?

주식 시장에서 성공적인 투자를 하기 위해서는 감정 관리를 잘하는 것이 매우 중요합니다. 시장의 변동성에 따라 감정이 흔들리면 비합리적인 투자 결정을 내리기 쉽습니다. 이를 방지하기 위해 몇 가지 중요한 방법을 알아보겠습니다.

첫 번째로, 투자 계획을 세우는 것이 중요합니다. 투자 목표, 기간, 위험 허용 범위 등을 미리 설정하여 계획을 세우면 감정에 휘둘리지 않고 일관된 결정을 내릴 수 있습니다. 예를 들어, 5년 이내에 20% 수익을 목표로 설정하고, 매수와 매도 기준을 정해두면 주가가 변동할 때도 계획에 따라 행동할 수 있습니다. 주가가 10% 하락하면 손절매를 실행하고, 20% 상승하면 일부 이익을 실현하는 식으로 명확한 기준을 세우는 것이 좋습니다.

두 번째로, 분산 투자를 통해 위험을 줄일 수 있습니다. 다양한 자산에 분산 투자하면 특정 주식의 변동성에 덜 민감해질 수 있습니다. 주식, 채권, 부동산, 금 등 여러 자산에 투자하여 포트폴리오를 구성하면 특정 주식이 하락해도 전체 투자에 미치는 영향을 최소화할 수 있습니다. 예를 들어, 삼성전자, 네이버, KB금융 등의 주식과 채권을 함께 보유하면 안정성을 높일 수 있습니다.

세 번째로, 정기적인 포트폴리오 점검이 필요합니다. 정기적으로 포트폴리오를 점검하고, 필요시 재조정하여 계획에 맞는 투자를 유지해야 합니다. 분기마다 포트폴리오를 점검하고, 주가 상승으로 특정 주식의 비중이 높아졌다면 일부를 매도하여 균형을 맞추는 것이 좋습니다. 이를 통해 포트폴리오의 위험을 관리할 수 있습니다.

네 번째로, 손절매 설정은 감정적 결정을 피하는 데 도움이 됩니다. 손절매는 주가가 일정 수준 이하로 떨어졌을 때 자동으로 매도하는 방법입니다. 이를 통해 큰 손실을 방지할 수 있습니다. 예를 들어, A 회사 주식을 10만 원에 매수한 후, 주가가 9만 원 이하로 떨어지면 자동으로 매도하도록 설정하면 주가 급락 시 감정적 매도를 피할 수 있습니다.

다섯 번째로, 장기적인 관점을 유지하는 것이 중요합니다. 단기적인 주가 변동에 일희일비하지 않고, 장기적인 관점에서 투자를 유지하면 안정적인 성과를 기대할 수 있습니다. 주식 시장은 장기적으로 상승하는 경향이 있기 때문에 일시적인 하락에 너무 신경 쓰지 않는 것이 좋습니다. 주식 시장이 일시적으로 하락하더라도, 5년, 10년 후를 내다보고 투자하면 단기적인 변동에 덜 민감해질 수 있습니다.

여섯 번째로, 지속적인 학습과 분석이 필요합니다. 시장 동향과 기업 분석을 꾸준히 공부하면, 감정에 휘둘리지 않고 합리적인 결정을 내릴 수 있습니다. 충분한 정보와 분석을 바탕으로 투자 결정을 하면, 시장의 변동성을 더 잘 이해하고 대응할 수 있습니다. 특정 주식을 매수하기 전에 재무제표를 분석하고, 산업 동향을 공부하여 투자 결정을 내리는 것이 중요합니다.

마지막으로, 멘탈 관리도 중요합니다. 스트레스 관리와 멘탈 케어를 통해 정신적 안정을 유지해야 합니다. 주식 시장의 변동성에 스트레스를 받을 때는 잠시 멀리하고, 산책이나 운동을 통해 스트레스를 해소하는 것도 좋은 방법입니다.

감정 관리는 주식 투자에서 매우 중요합니다. 투자 계획을 세우고, 분산투자, 정기적인 포트폴리오 점검, 손절매 설정, 장기적 관점 유지, 지속적인 학습과 분석, 멘탈 관리를 통해 감정을 잘 다스리는 것이 필요합니다. 이를 통해 안정적이고 성공적인 투자를 이어갈 수 있습니다.

손절매와 익절매는 왜 중요한가요?

주식 시장에서 성공적인 투자를 위해서는 손절매와 익절매의 개념을 잘 이해하고 활용하는 것이 매우 중요합니다. 이 두 가지 개념은 투자자들이 손실을 최소화하고 수익을 실현하는 데 큰 도움을 줍니다.

손절매는 주가가 일정 수준 이하로 떨어졌을 때 손실을 줄이기 위해 주식을 매도하는 것입니다. 주가가 하락하는 상황에서 더 큰 손실을 방지하기 위해 미리 설정한 가격에 도달하면 자동으로 매도하여 손실을 제한합니다. 예를 들어, A 회사 주식을 10만 원에 매수했는데, 주가가 9만 원으로 하락할 때 8만 원에 도달하면 손절매를 설정하여 손실을 줄일 수 있습니다.

손절매가 중요한 이유는 여러 가지가 있습니다.

첫째, 손절매는 손실을 최소화하는 데 도움을 줍니다. 주가가 더 하락하기 전에 일정 수준에서 손실을 제한함으로써 투자 자본을 보호할 수 있습니다.

둘째, 손절매는 감정적 매매를 방지합니다. 주가가 급락할 때 감정에 휘둘려 비합리적인 결정을 내리기 쉽지만, 손절매를 설정해 두면 감정에 따라 충동적으로 매도하지 않고, 사전에 계획한 대로 행동할 수 있습니다.

셋째, 손절매는 위험 관리를 돕습니다. 손실을 일정 수준으로 제한하면 전체 포트폴리오의 위험을 줄일 수 있습니다.

익절매는 주가가 목표 수준에 도달했을 때 수익을 실현하기 위해 주식을 매도하는 것입니다. 주가가 상승하여 목표 수익률에 도달했을 때 미리 설정한 가격에 도달하면 자동으로 매도하여 수익을 확보합니다. 예를 들어, A 회사 주식을 10만 원에 매수한 후, 주가가 12만 원으로 상승했을 때 익절매를 통해 수익을 실현할 수 있습니다.

익절매가 중요한 이유도 여러 가지가 있습니다.

첫째, 익절매는 수익을 실현하는 데 도움을 줍니다. 주가가 다시 하락하기 전에 수익을 확보하는 것이 중요합니다.

둘째, 익절매는 탐욕을 방지합니다. 주가가 계속 상승할 때 더 큰 수익을 기대하며 매도 시점을 놓칠 수 있지만, 익절매를 설정해 두면 탐욕에 휘둘리지 않고 사전에 계획한 대로 수익을 실현할 수 있습니다.

셋째, 익절매는 투자 목표를 달성하는 데 도움을 줍니다. 목표 수익률에 도달하면 매도하여 투자 계획을 성공적으로 마무리할 수 있습니다.

　손절매와 익절매를 설정하는 방법은 간단합니다. 먼저, 목표 가격을 설정합니다. 손절매는 매수 가격 대비 5~10% 하락한 수준, 익절매는 목표 수익률에 도달한 수준에서 설정합니다. 예를 들어, A 회사 주식을 10만 원에 매수한 경우, 손절매를 9만 원, 익절매를 12만 원에 설정합니다. 그런 다음, 증권사 앱이나 거래 시스템을 통해 자동 매도 주문을 설정해 둡니다. 주가가 목표 가격에 도달하면 자동으로 매도 주문이 실행되어 감정적 결정을 피할 수 있습니다.

　예를 들어, B 회사 주식을 10만 원에 매수했다고 가정해봅시다. 주가가 12만 원(+20%)까지 상승하면 익절매를 통해 수익을 실현하고, 주가가 9만 원(-10%)으로 하락하면 손절매를 통해 손실을 제한할 수 있습니다. 이렇게 하면 주가의 변동성에 따라 감정에 휘둘리지 않고, 계획된 투자 전략에 따라 행동할 수 있습니다.

　손절매와 익절매는 주식 투자에서 매우 중요한 개념입니다. 손절매는 손실을 최소화하고 감정적 매매를 방지하며, 위험 관리를 도와줍니다. 익절매는 수익을 실현하고 탐욕을 방지하며, 투자 목표를 달성하는 데 도움을 줍니다. 이 두 가지를 잘 활용하면 안정적이고 성공적인 투자를 이어갈 수 있습니다.

개인 투자자들이 자주 저지르는 실수는 무엇인가요?

　많은 개인 투자자들은 주식 투자에서 감정에 휘둘리기 쉽습니다. 주가가 상승하면 탐욕에 사로잡혀 더 많은 돈을 투자하고, 주가가 하락하면 공포에 빠져 손실을 확정 짓는 매도를 하게 됩니다. 이런 행동은 주식 시장의 변동성에 크게 영향을 받기 때문에 합리적인 투자 결정을 내리기 어렵습니다. 예를 들어, A 회사 주식을 10만 원에 매수했는데, 주가가 12만 원으로 상승하자 추가 매수를 결정합니다. 그러나 갑자기 주가가 8만 원으로 하락하면 공포에 매도하게 되어 큰 손실을 보게 됩니다.

　일부 개인 투자자들은 높은 수익을 기대하며 무리하게 많은 돈을 투자하거나, 심지어 빚을 내서 투자하기도 합니다. 이는 큰 손실을 볼 위험을 증가시킵니다. 특히 레버리지를 이용한 투자는 상승장에서는 큰 수익을 줄 수 있지만, 하락장에서는 치명적인 손실을 줄 수 있습니다. 예를 들어, B 회사 주식이 큰 수익을 낼 것이라 확신하여, 투자 자금 외에 추가로 대출을 받아 투자합니다. 주가가 예상과 달리 하락하면 원금뿐만 아니라 대출금까지 상환해야 하는 상황에 부닥치게 됩니다.

많은 개인 투자자들은 단기적인 시각에서 주식을 매매하려는 경향이 있습니다. 빠른 수익을 기대하며 자주 매매를 반복하다 보면 거래 수수료가 많이 발생하고, 장기적인 수익을 놓치기 쉽습니다. 예를 들어, C 회사 주식을 9만 원에 매수한 후, 주가가 10만 원으로 오르자, 단기 수익을 실현하기 위해 매도합니다. 그러나 이후 주가가 15만 원까지 상승하면 더 큰 수익을 놓치게 됩니다.

개인 투자자들은 종종 충분한 정보와 분석 없이 투자 결정을 내립니다. 주식 투자는 회사의 재무제표, 산업 동향, 시장 상황 등을 분석하고 이해하는 것이 중요합니다. 그러나 많은 투자자가 소문이나 다른 사람의 조언만을 믿고 투자하는 경우가 많습니다. 예를 들어, 친구의 추천으로 D 회사 주식을 매수했는데, 회사의 재무 상태가 좋지 않아 주가가 하락하는 상황을 맞이합니다. 충분한 분석 없이 투자한 결과 큰 손실을 보게 됩니다.

손절매와 익절매는 주식 투자에서 중요한 전략입니다. 그러나 많은 개인 투자자들이 이를 설정하지 않거나, 설정해도 지키지 않는 경우가 많습니다. 손절매는 손실을 제한하고, 익절매는 수익을 확정 짓는 중요한 도구입니다.

포트폴리오를 다양화하지 않고 한 종목에만 집중적으로 투자하는 것도 큰 실수입니다. 특정 종목이 크게 하락하면 전체 포트폴리오에 큰 영향을 미치게 됩니다. 다양한 종목과 자산에 분산 투자하여 위험을 줄이는 것이 중요합니다. 예를 들어, E 회사 주식에 모든 투자 자금을 집중했는데, 회사의 갑작스러운 실적 부진으로 주가가 급락하면 큰 손실을 피할 수 없습니다.

개인 투자자들이 주식 투자에서 자주 저지르는 실수로는 감정에 휘둘리는 투자, 무리한 투자와 빚을 내서 투자하기, 단기적 시각으로 인한 매매, 충분한 정보와 분석 없이 투자, 손절매와 익절매 설정의 부재, 지나치게 한 종목에 집중 투자 등이 있습니다. 이러한 실수를 피하기 위해서는 감정 관리를 잘하고, 분산 투자와 장기적인 시각을 유지하며, 충분한 정보와 분석을 바탕으로 투자 결정을 내리는 것이 중요합니다.

06

손실을 견디는 방법은 무엇인가요?

주식 투자에서 손실을 경험하는 것은 피할 수 없는 일입니다. 중요한 것은 이러한 손실을 어떻게 견디고, 다시 일어설 수 있는지를 아는 것입니다. 다음은 손실을 견디는 몇 가지 방법입니다.

1. 감정적 대응을 피하기

주식 시장에서 손실을 경험하면 감정적으로 대응하기 쉽습니다. 하지만 감정적인 결정은 더 큰 손실을 초래할 수 있습니다. 따라서 감정을 잘 다스리고, 냉정하게 상황을 판단하는 것이 중요합니다. 예를 들어, 주가가 급락했을 때 공포에 사로잡혀 매도하지 않고, 시장 상황을 분석하고 장기적인 관점에서 판단합니다.

2. 장기적인 관점 유지

주식 시장은 단기적으로 변동성이 크지만, 장기적으로는 상승하는 경향이 있습니다. 단기적인 손실에 일희일비하지 않고, 장기적인 투자 목표를 유지하는 것이 중요합니다. 예를 들어, 특정 주식이 일시적으로 하락하더라도, 5년, 10년 후의 성장을 기대하며 계속 보유합니다.

3. 손절매 설정

손절매는 주가가 일정 수준 이하로 떨어졌을 때 자동으로 주식을 매도하여 손실을 제한하는 방법입니다. 손절매를 설정해 두면 큰 손실을 방지할 수 있습니다.

4. 분산 투자

한 종목에만 집중적으로 투자하지 않고, 다양한 종목에 분산 투자하면 특정 종목의 손실이 전체 포트폴리오에 미치는 영향을 줄일 수 있습니다.

5. 지속적인 학습과 분석

시장 동향과 기업의 재무제표를 꾸준히 분석하고 학습하면, 손실이 발생했을 때 더 나은 결정을 내릴 수 있습니다. 충분한 정보와 분석을 바탕으로 손실의 원인을 파악하고, 향후 투자 전략을 개선합니다.

6. 멘탈 관리

손실을 경험하면 스트레스를 받을 수 있습니다. 이럴 때는 명상, 운동, 취미 생활 등을 통해 정신적 안정을 유지하는 것이 중요합니다. 멘탈을 잘 관리하면 손실을 더 잘 견디고, 다시 긍정적으로 투자할 수 있습니다. 예를 들어, 주식 시장의 하락으로 스트레스를 받을 때는 잠시 주식에서 벗어나 산책이나 운동을 하며 스트레스를 해소합니다.

7. 전문가의 조언 듣기

투자 전문가나 금융 상담사의 조언을 듣는 것도 도움이 됩니다. 전문가들은 다양한 경험과 지식을 바탕으로 손실 상황을 분석하고, 적절한 대응 방법을 제시할 수 있습니다.

8. 손실을 교훈으로 삼기

손실을 경험하는 것은 투자에서 피할 수 없는 부분입니다. 중요한 것은 이를 통해 배움을 얻고, 향후 투자에 반영하는 것입니다. 손실을 교훈으로 삼아 더 나은 투자자가 될 수 있습니다.

주식 투자에서 손실을 견디는 방법은 감정적 대응을 피하고, 장기적인 관점을 유지하며, 손절매를 설정하고, 분산 투자, 지속적인 학습과 분석, 멘탈 관리, 전문가의 조언 듣기, 그리고 손실을 교훈으로 삼는 것입니다. 이러한 방법들을 잘 활용하면 손실을 잘 견디고, 다시 일어설 수 있습니다.

07

과도한 거래를 피하는 방법은 무엇인가요?

과도한 거래는 너무 자주 주식을 사고파는 것을 의미합니다. 이는 여러 가지 문제를 일으킬 수 있는데, 가장 큰 문제는 거래 수수료와 세금이 많이 발생해 실제 수익이 줄어들 수 있다는 점입니다. 지나친 거래를 피하는 것은 성공적인 투자에서 매우 중요합니다.

1. 명확한 투자 목표 설정

먼저, 투자 목표를 명확히 설정하는 것이 중요합니다. 투자 목표가 명확하면 충동적인 거래를 줄일 수 있습니다. 목표 수익률, 투자 기간, 위험 허용 범위를 사전에 정해두고 이를 기반으로 투자 결정을 내리세요.

예를 들어, 5년 이내에 20% 수익을 목표로 설정하고, 그 목표에 도달할 때까지 주식을 보유하는 전략을 세우면 단기적인 시장 변동에 일희일비하지 않고 장기적인 목표를 지킬 수 있습니다. 이렇게 명확한 목표를 세우면 불필요한 거래를 줄이고 계획에 따라 투자할 수 있습니다.

2. 장기적인 관점 유지

주식 시장은 단기적으로 변동성이 크지만, 장기적으로는 상승하는 경향이 있습니다. 따라서 단기적인 주가 변동에 따라 자주 매매하는 것은 좋지 않습니다. 장기적인 관점을 유지하고, 기업의 장기적인 성장 가능성을 믿고 투자를 지속하는 것이 중요합니다.

예를 들어, A 회사 주식을 10만 원에 매수한 후, 단기적인 주가 하락에도 불구하고 장기적인 성장 가능성을 믿고 5년 동안 보유하면 단기적인 변동에 흔들리지 않고 장기적인 수익을 기대할 수 있습니다.

3. 정기적인 포트폴리오 점검

포트폴리오를 정기적으로 점검하되, 지나친 매매를 피하는 것이 중요합니다. 예를 들어, 분기마다 포트폴리오를 검토하고 필요한 경우에만 재조정합니다. 포트폴리오 점검은 전체적인 투자 상태를 확인하고, 투자 목표에 맞게 조정할 수 있는 좋은 방법입니다.

예를 들어, 분기마다 포트폴리오를 점검하고, 주가가 크게 변동한 종목에 대해서만 필요한 경우 매도하거나 추가 매수합니다. 나머지 종목은 장기적인 계획에 따라 유지합니다.

4. 자동화된 투자 전략 활용

자동화된 투자 전략을 사용하면 감정에 휘둘리지 않고 계획된 대로 투자할 수 있습니다. 정기적인 매수, 매도 시점을 미리 설정해 두면 충동적인 거래를 줄일 수 있습니다.

예를 들어, 매달 일정 금액을 인덱스 펀드에 투자하는 적립식 투자를 설정하여, 시장 상황과 관계없이 꾸준히 투자하면 지나친 거래를 피할 수 있습니다.

5. 감정적 매매 방지

감정적인 결정은 지나친 거래를 유발할 수 있습니다. 주가가 급등하거나 급락할 때 감정에 따라 매매하지 않도록 주의해야 합니다.

예를 들어, 주가가 갑자기 급락했을 때 공포에 사로잡혀 매도하지 않고, 미리 설정한 손절매 가격에 도달하기 전까지는 매도하지 않으면 감정적인 결정을 피할 수 있습니다.

6. 시장 정보와 분석에 기반한 투자

충분한 정보와 분석을 바탕으로 투자 결정을 내리면 지나친 거래를 피할 수 있습니다. 소문이나 일시적인 이슈에 반응하지 않고, 장기적인 기업 가치를 기반으로 투자해야 합니다.

예를 들어, 친구의 추천이나 일시적인 뉴스에 따라 주식을 매매하지 않고, 해당 기업의 재무제표와 산업 동향을 분석하여 장기적인 성장 가능성이 높은 종목에 투자합니다.

7. 거래 비용 고려

거래를 자주 하면 수수료와 세금이 많이 발생합니다. 이러한 비용을 고려하면 자주 매매하는 것을 피하게 됩니다.

예를 들어, 주식을 사고팔 때마다 발생하는 수수료와 세금을 계산하여, 자주 거래할 때 실제 수익이 줄어든다는 점을 인식하고 매매 횟수를 줄입니다.

지나친 거래를 피하기 위해서는 명확한 투자 목표를 설정하고, 장기적인 관점을 유지하며, 정기적인 포트폴리오 점검, 자동화된 투자 전략 활용, 감정적 매매 방지, 시장 정보와 분석에 기반한 투자, 거래 비용 고려 등의 방법을 활용해야 합니다. 이러한 방법들을 잘 실천하면 불필요한 거래를 줄이고, 장기적인 투자 성과를 높일 수 있습니다.

08

자기만의 투자 원칙을 세우는 방법은 무엇인가요?

투자 원칙은 투자자가 주식 투자에서 일관되게 따르는 규칙이나 지침을 말합니다. 투자 원칙을 세우면 감정에 휘둘리지 않고, 계획적으로 투자를 할 수 있습니다. 이는 장기적으로 안정적인 투자 성과를 얻는 데 매우 중요합니다.

1. 투자 목표 설정

먼저, 투자 목표를 명확히 설정해야 합니다. 목표 수익률, 투자 기간, 위험 허용 범위 등을 구체적으로 정하는 것이 중요합니다. 이는 투자 결정을 내릴 때 기준이 됩니다. 예를 들어, 5년 이내에 20% 수익을 목표로 설정하고, 위험 허용 범위는 투자 금액의 10%로 정합니다. 이를 통해 투자 결정을 내릴 때 구체적인 기준이 생기며, 목표에 맞춰 계획을 세울 수 있습니다.

2. 자신의 투자 성향 파악

자신의 투자 성향을 파악하는 것이 중요합니다. 공격적인 성향인지, 보수적인 성향인지, 혹은 중립적인 성향인지에 따라 투자 전략이 달라집니다. 이는 위험을 관리하는 데 큰 도움이 됩니다. 예를 들어, 공격적인 투자 성향이라면 성장주에 더 큰 비중을 두고, 보수적인 투자 성향이라면 배당주나 안정적인 채권에 더 많은 비중을 두는 식으로 투자 전략을 세웁니다.

3. 투자 철학 정립

자신만의 투자 철학을 정립하는 것이 중요합니다. 이는 자신이 왜 투자하는지, 어떤 원칙을 따를 것인지에 대한 명확한 이해를 갖게 해줍니다. 워런 버핏처럼 가치 투자를 지향할 수도 있고, 피터 린치처럼 성장주 투자를 선호할 수도 있습니다. 예를 들어, 워런 버핏은 '가치 투자' 철학을 따르며, 기업의 내재 가치를 분석하여 저평가된 주식을 매수합니다. 이와 같은 철학을 자신의 투자 원칙으로 삼으면 투자 방향이 명확해집니다.

4. 정보 수집과 분석 능력 강화

시장에서 성공적인 투자를 위해서는 정보 수집과 분석 능력이 필수적입니다. 다양한 출처에서 정보를 수집하고, 이를 분석하여 투자 결정을 내리는 능력을 키워야 합니다. 예를 들어, 주식 관련 뉴스, 재무제표, 시장 보고서 등을 꾸준히 읽고 분석하는 습관을 들입니다. 이를 통해 시장의 흐름을 파악하고, 적절한 투자 결정을 내릴 수 있습니다.

5. 자산 배분 전략 수립

자산 배분은 포트폴리오의 안정성을 높이는 중요한 전략입니다. 주식, 채권, 현금, 부동산 등 다양한 자산에 어떻게 투자할지 계획을 세워야 합니다. 예를 들어, 자산 배분을 통해 전체 투자금의 60%는 주식, 30%는 채권, 10%는 현금으로 보유하는 식으로 전략을 세웁니다. 이를 통해 위험을 분산하고, 안정적인 수익을 추구할 수 있습니다.

6. 리스크 관리 계획 수립

투자에서 위험을 관리하는 것은 매우 중요합니다. 예상치 못한 상황에 대비해 리스크 관리 계획을 세워야 합니다. 예를 들어, 특정 주식의 가격이 급락할 경우를 대비해 비상 자금을 준비하고, 주식 시장의 변동성을 줄이기 위해 일부 자산을 안전한 채권이나 현금으로 보유합니다.

7. 지속적인 자기 평가와 개선

투자 원칙은 한 번 세우고 끝나는 것이 아니라, 지속적으로 평가하고 개선해야 합니다. 자신의 투자 성과를 정기적으로 리뷰하고, 필요한 경우 원칙을 수정해야 합니다. 예를 들어, 매년 자신의 투자 성과를 평가하고, 목표 달성 여부와 실패 원인을 분석합니다. 이를 바탕으로 다음 해의 투자 전략을 수정하고 개선합니다.

자기만의 투자 원칙을 세우는 것은 성공적인 투자의 중요한 요소입니다. 이를 위해 투자 목표를 설정하고, 자신의 투자 성향을 파악하며, 투자 철학을 정립하고, 정보 수집과 분석 능력을 강화해야 합니다. 또한, 자산 배분 전략과 리스크 관리 계획을 수립하고, 지속적으로 자기 평가와 개선을 해야 합니다. 이러한 원칙들을 잘 실천하면 안정적이고 성공적인 투자를 이어 갈 수 있습니다.

09

투자 일지를 작성하는 방법은 무엇인가요?

투자 일지는 자신이 어떤 주식을 언제, 왜 매수하거나 매도했는지 기록하는 일종의 투자 일기입니다. 투자 일지를 작성하면 자신의 투자 결정을 체계적으로 분석하고, 반복적인 실수를 피할 수 있으며, 더 나은 투자 전략을 세우는 데 큰 도움이 됩니다.

1. 기본 정보 기록

가장 먼저, 매수하거나 매도한 주식의 기본 정보를 기록합니다. 이 기본 정보에는 주식의 이름, 종목코드, 매수/매도 날짜, 매수/매도 가격, 수량 등이 포함됩니다.

2. 투자 이유 기록

해당 주식을 매수하거나 매도한 이유를 상세히 기록합니다. 이는 자신의 투자 결정 과정을 이해하고, 미래의 결정을 개선하는 데 매우 중요합니다.

3. 투자 목표 설정

해당 주식에 대한 투자 목표를 설정하고 기록합니다. 목표 수익률, 목표 가격, 투자 기간 등을 구체적으로 명시합니다.

4. 리스크 관리 계획

투자에서 위험 관리는 매우 중요합니다. 손절매 가격, 포트폴리오에서 해당 주식의 비중 등을 기록하여 리스크 관리 계획을 세웁니다.

5. 주식의 성과 기록

정기적으로 주식의 성과를 기록합니다. 주가의 변동, 배당 수익, 기업 실적 발표 등의 정보를 업데이트하여 투자 결정을 리뷰합니다.

6. 투자 결정 평가

매수/매도 후 일정 기간이 지나면, 해당 투자 결정이 올바른 판단이었는지 평가합니다. 잘한 점과 잘못한 점을 기록하여 다음 투자에 반영할 수 있도록 합니다.

7. 학습 및 개선 사항 기록

투자 일지의 마지막에는 이번 투자에서 배운 점과 향후 개선할 사항을 기록합니다. 이를 통해 지속적으로 투자 능력을 향상할 수 있습니다.

투자 일지를 작성하는 것은 자신의 투자 결정을 체계적으로 분석하고 개선하는 데 큰 도움이 됩니다. 투자 일지를 작성할 때는 기본 정보, 투자 이유, 투자 목표, 리스크 관리 계획, 주식 성과, 투자 결정 평가, 학습 및 개선 사항 등을 상세히 기록하는 것이 중요합니다. 이를 통해 반복적인 실수를 피하고, 더 나은 투자 전략을 세울 수 있습니다.

투자 일지

항 목	내 용
주식 이름	다온전자
종목코드	009999
매수/매도 날짜	매수: 2024년 1월 15일
매수/매도 가격	매수: 70,000원
수량	100주
투자 이유	다온전자가 반도체 시장에서 지속적인 성장을 하고 있으며, 최근 발표된 분기 실적이 예상보다 좋았기 때문에 성장 가능성이 높다고 판단하여 매수.
투자 목표	목표 수익률: 20%, 목표 가격: 84,000원, 투자 기간: 1년
리스크 관리	손절매 가격: 63,000원, 포트폴리오 비중 : 전체 투자금의 10%
성과 기록	"2024년 4월 15일: 주가 75,000원, 1분기 실적 호조로 주가 상승 2024년 7월 15일: 주가 80,000원, 2분기 배당 수익 500원 지급"
투자 평가	목표 수익률에 거의 도달했으나, 매도 타이밍을 놓쳐 최종 수익률이 18%로 조금 부족. 다음번에는 목표 가격에 도달했을 때 즉시 매도하도록 전략 수정.
학습	기업 실적 발표 후 주가 상승 패턴을 확인함. 앞으로는 실적 발표 전후로 매수/매도 타이밍을 전략적으로 설정할 것.
개선 사항	목표 수익률에 도달했을 때 욕심부리지 않고 매도하는 규칙을 엄격히 지킬 것.

10
성공적인 투자자가 되기 위해 필요한 습관은 무엇인가요?

성공적인 투자자는 끊임없이 배우고 자기 계발을 합니다. 주식 시장은 빠르게 변하기 때문에 최신 정보를 습득하고, 새로운 투자 기법을 배우는 것이 중요합니다. 이를 위해 책을 읽거나, 세미나에 참석하거나, 온라인 강의를 듣는 등의 방법을 활용할 수 있습니다. 예를 들어, 피터 린치의 "월가의 영웅"이나 벤저민 그레이엄의 "현명한 투자자"와 같은 투자 서적을 읽고, 유튜브나 온라인 강의를 통해 최신 시장 동향과 투자 전략을 공부합니다.

투자 결정을 내리기 전에 철저히 분석하고 연구하는 습관을 지녀야 합니다. 기업의 재무제표, 산업 동향, 경제 지표 등을 분석하여 신중하게 투자 결정을 내리는 것이 중요합니다. 예를 들어, A 회사의 주식을 매수하기 전에, 해당 회사의 최근 5년간 재무제표를 분석하고, 산업 내 경쟁사와 비교하며 성장 가능성을 평가합니다.

성공적인 투자자는 주식 시장의 변동성에 감정적으로 대응하지 않습니다. 주가가 급락하거나 급등할 때 감정에 휘둘리지 않고 논리적으로 판단하여 행동하는 것이 중요합니다. 이를 위해 사전에 설정한 투자 원칙을 철저히 따르는 것이 도움이 됩니다.

장기적인 관점을 유지하는 것은 성공적인 투자에서 매우 중요합니다. 주식 시장은 단기적으로 변동성이 크지만, 장기적으로는 상승하는 경향이 있습니다. 따라서 단기적인 주가 변동에 일희일비하지 않고 장기적인 목표를 가지고 투자하는 것이 필요합니다.

투자 일지를 꾸준히 작성하는 습관은 자신의 투자 결정을 체계적으로 분석하고 개선하는 데 큰 도움이 됩니다. 매수/매도 이유, 목표 수익률, 성과 등을 기록하여 자신의 투자 패턴을 파악하고, 반복적인 실수를 피할 수 있습니다.

정기적으로 포트폴리오를 점검하고 필요한 경우 재조정하는 습관을 지녀야 합니다. 이를 통해 포트폴리오의 위험을 관리하고, 투자 목표에 맞게 자산 배분을 최적화할 수 있습니다.

성공적인 투자자는 거래 비용을 절감하려고 노력합니다. 주식 거래 수수료, 세금 등을 최소화하여 실제 수익을 극대화할 수 있도록 신경 써야 합니다.

투자에서 멘탈 관리와 스트레스 해소는 매우 중요합니다. 주식 시장의 변동성으로 인한 스트레스를 잘 관리하고, 평정심을 유지하는 것이 필요합니다. 이를 위해 명상, 운동, 취미 생활 등을 통해 정신적 안정을 유지합니다.

성공적인 투자자가 되기 위해 필요한 습관은 꾸준한 학습과 자기 계발, 철저한 분석과 연구, 감정적 대응을 피하고 논리적 판단, 장기적인 관점 유지, 꾸준한 투자 일지 작성, 포트폴리오 점검과 재조정, 비용 절감 노력, 멘탈 관리와 스트레스 해소입니다. 이러한 습관들을 잘 실천하면 안정적이고 성공적인 투자를 이어갈 수 있습니다.

5장

주식 투자에서
자주 묻는 질문
10가지

상장주와 비상장주의 차이, 액면분할과 공매도의 개념을 이해합니다. 주식 담보대출과 기업공개, 시가총액, 유동성의 의미를 배우며, 정치적 이벤트, 환율 변동, 금리 변동이 주가에 미치는 영향을 학습합니다.

상장주와 비상장주의 차이는 무엇인가요?

상장주는 증권거래소에 등록되어 일반 투자자들이 자유롭게 사고팔 수 있는 주식을 말합니다. 상장된 기업은 일정한 요건을 충족해야 하며, 정기적으로 재무 보고서를 공개하고 투명한 경영을 유지해야 합니다.

비상장주는 증권거래소에 등록되지 않은 주식을 말합니다. 이러한 주식은 일반 투자자들이 직접 거래하기 어려우며, 주로 비공개적으로 거래됩니다. 비상장 주식은 정보 공개가 제한적이고 유동성이 낮아 투자 위험이 더 클 수 있습니다.

주요 차이점은 다음과 같습니다.

1. 거래 방식

　- 상장주 : 증권거래소에서 자유롭게 거래됩니다. 주식 매매는 주식

시장의 매매 시스템을 통해 이루어지며, 거래 과정이 투명하고 규제가 철저합니다.

- 비상장주 : 주로 비공개적으로 거래되며, 전문 투자자나 기업과 직접 거래해야 합니다. 거래 과정이 불투명하고, 주식의 유동성이 낮아 매매가 어려울 수 있습니다.

2. 정보 공개

- 상장주 : 기업은 정기적으로 재무제표, 사업 보고서 등을 공시해야 합니다. 투자자들은 이러한 정보를 통해 기업의 재무 상태와 경영 상황을 파악할 수 있습니다.

- 비상장주 : 정보 공개 의무가 상대적으로 적어 기업의 재무 상태나 경영 상황을 파악하기 어렵습니다. 투자자들은 제한된 정보를 바탕으로 투자 결정을 내려야 합니다.

3. 유동성

- 상장주 : 주식 시장에서 자유롭게 거래되므로 유동성이 높습니다. 필요할 때 언제든지 매도하거나 매수할 수 있습니다.

- 비상장주 : 거래가 제한적이어서 유동성이 낮습니다. 주식을 매도하거나 매수하는 데 시간이 오래 걸릴 수 있으며, 원하는 가격에 거래하기 어렵습니다.

4. 투자 위험

- 상장주 : 규제와 감시를 받기 때문에 비교적 안전한 투자 대상입니다. 그러나 시장 변동성에 따라 주가가 크게 변동할 수 있습니다.
- 비상장주 : 정보 비대칭성과 낮은 유동성으로 인해 투자 위험이 큽니다. 기업의 성장 가능성을 믿고 투자해야 하지만, 실패할 때 손실이 클 수 있습니다.

상장주와 비상장주는 거래 방식, 정보 공개, 유동성, 투자 위험 등 여러 측면에서 차이가 있습니다. 상장주는 증권거래소에서 자유롭게 거래되며, 정보 공개가 투명하고 유동성이 높아 비교적 안전한 투자 대상입니다. 반면, 비상장주는 거래가 제한적이고 정보 공개가 부족하며 유동성이 낮아 투자 위험이 큽니다. 이러한 차이를 이해하고, 자신의 투자 성향과 목표에 맞는 주식을 선택하는 것이 중요합니다.

02

주식에서 액면분할이란 무엇이며, 주가에 어떤 영향을 미치나요?

액면분할은 주식의 액면가를 나누어 주식 수를 늘리는 것을 의미합니다. 예를 들어, 한 주식의 액면가가 10,000원인 경우, 이를 1,000원으로 나누면 주식 수는 10배로 늘어납니다. 즉, 주식의 액면가를 작게 만들어 더 많은 주식을 발행하는 것입니다. 이에 따라 주식의 총가치는 변하지 않지만, 주식 한 주의 가격은 낮아지게 됩니다.

- 액면분할 전 : 주식 A의 액면가가 10,000원이고 총주식 수가 1,000주인 경우, 총발행 주식의 가치는 10,000,000원입니다.
- 액면분할 후 : 액면가를 1,000원으로 나누면, 주식 수는 10배인 10,000주가 됩니다. 이때 각 주식의 가격은 1,000원이 되며, 총발행 주식의 가치는 여전히 10,000,000원입니다.

액면분할의 주요 목적은 주식의 유동성을 높이는 것입니다. 주식 가격이 높아지면 소액 투자자들이 투자하기 어려워지는데, 액면분할을 통해 주식 가격을 낮추면 더 많은 투자자가 쉽게 주식을 매수할 수 있게 됩니다. 이는 주식 시장에서의 거래를 활성화하는 데 도움을 줍니다.

액면분할이 주가에 미치는 영향은 다양할 수 있습니다. 주로 다음과 같은 긍정적인 효과가 기대됩니다.

1. 유동성 증가

액면분할로 인해 주식 가격이 낮아지면, 더 많은 투자자가 주식에 접근할 수 있게 됩니다. 이는 거래량 증가로 이어져 주식의 유동성을 높이는 효과를 가져옵니다. 예를 들어, 주식 A의 가격이 1,000,000원인 경우, 소액 투자자들이 쉽게 접근하기 어렵습니다. 하지만 액면분할로 가격이 100,000원이 되면, 더 많은 투자자가 주식을 매수할 수 있게 되어 거래량이 증가합니다.

2. 투자 심리 개선

액면분할은 투자자들에게 긍정적인 신호를 줄 수 있습니다. 기업이 성장을 기대하고 주식을 나누는 경우, 투자자들은 이를 긍정적으로 받아들이고 주식 매수에 나설 가능성이 높습니다. 예를 들어, B 기업이 성장을 예상하고 액면분할을 발표하면, 투자자들은 기업의 미래에 대해 낙관적으로 생각하고 주식을 매수하게 되어 주가가 상승할 수 있습니다.

3. 주가 안정화

액면분할 후 주식의 거래량이 증가하면, 주가의 변동성이 줄어들 수 있습니다. 이는 주식이 더욱 안정적으로 거래되는 데 도움을 줍니다. 예를 들어, 주식 C가 액면분할 후 거래량이 증가하면, 소수의 거래로 인한 주가 급변동이 줄어들고, 주가가 더욱 안정적으로 유지될 수 있습니다.

액면분할이 항상 긍정적인 효과만을 가져오는 것은 아닙니다. 액면분할 자체가 기업의 근본적인 가치를 변화시키는 것은 아니므로, 주가가 단기적으로 상승하더라도 장기적인 성과는 기업의 실적과 경영 상태에 따라 달라집니다.

액면분할은 주식의 액면가를 나누어 주식 수를 늘리는 것으로, 주식의 총가치는 변하지 않지만, 주식 한 주의 가격이 낮아져 유동성이 증가합니다. 이는 더 많은 투자자들이 주식에 접근할 수 있게 하고, 투자 심리를 개선하며, 주가를 안정화하는 긍정적인 효과를 가져올 수 있습니다. 그러나 액면분할 자체가 기업의 근본적인 가치를 변화시키는 것은 아니므로, 장기적인 투자 성과는 기업의 실적과 경영 상태에 따라 달라집니다.

03

공매도란 무엇인가요?

공매도는 주가가 하락할 것으로 예상되는 주식을 미리 빌려서 판매한 후, 실제로 주가가 하락하면 더 낮은 가격에 다시 매입하여 차익을 얻는 투자 기법입니다. 즉, 주가 하락에 베팅하는 투자 방법입니다.

공매도의 기본적인 과정은 다음과 같습니다.

1. **주식 차입** : 투자자는 증권사나 다른 투자자로부터 주식을 빌립니다. 이때 투자자는 주식을 빌리기 위해 일정한 수수료를 지급해야 할 수 있습니다.

2. **주식 매도** : 빌린 주식을 현재 시장 가격에 판매합니다. 이때 투자자는 주가가 하락할 것으로 예상하고 주식을 매도하는 것입니다.

3. **주식 매입** : 주가가 예상대로 하락하면, 투자자는 더 낮은 가격에 주식을 다시 매입합니다.

4. 주식 반환 : 매입한 주식을 빌린 곳에 반환합니다. 이 과정에서 투자자는 매도 가격과 매입 가격의 차익을 얻습니다.

예를 들어, A 회사 주식이 현재 10만 원에 거래되고 있다고 가정해 봅시다. 투자자 B는 A 회사 주가가 곧 하락할 것이라고 예상합니다. 그래서 B는 증권사로부터 A 회사 주식을 빌려 10만 원에 판매합니다.

– 주식 차입 및 매도 : B는 10만 원에 주식을 매도하여 10만 원의 현금을 보유하게 됩니다.

– 주가 하락 : 며칠 후 A 회사 주가가 7만 원으로 하락합니다.

– 주식 매입 : B는 시장에서 7만 원에 주식을 다시 매입합니다.

– 주식 반환 : B는 매입한 주식을 증권사에 반환합니다.

이 경우, B는 10만 원에 매도하고 7만 원에 매입했으므로 3만 원의 차익을 얻게 됩니다(수수료 및 이자 비용 제외).

공매도의 장점

1. 하락장에서 수익 창출 : 주가가 하락할 때도 이익을 얻을 수 있는 기회를 제공합니다. 이는 주식 시장이 상승할 때만 이익을 얻는 것과 대조적입니다.

2. 시장 유동성 증가 : 공매도는 시장의 거래량을 증가시키고, 유동성을 높이는 역할을 합니다. 이는 주식 시장의 효율성을 증대시킬 수 있습니다.

공매도의 단점과 위험

1. 무제한 손실 가능성 : 주식을 매도한 후 주가가 상승하면, 투자자는 더 높은 가격에 주식을 다시 매입해야 합니다. 주가 상승에는 한계가 없으므로 이론적으로 손실은 무제한일 수 있습니다.

2. 규제 및 제한 : 많은 나라에서는 공매도에 대한 규제가 있습니다. 이는 시장 조작이나 과도한 변동성을 방지하기 위한 것입니다. 예를 들어, 주가가 급락하는 경우 공매도가 일시적으로 금지될 수 있습니다.

3. 이자와 수수료 비용 : 주식을 빌리는 데는 이자와 수수료가 발생할 수 있습니다. 이러한 비용은 공매도로 인한 수익을 감소시킬 수 있습니다.

예를 들어, B가 A 회사 주식을 10만 원에 공매도했지만, 주가가 오히려 13만 원으로 상승했다고 가정해 봅시다.

- 주식 차입 및 매도 : B는 10만 원에 주식을 매도하여 10만 원의 현금을 보유하게 됩니다.
- 주가 상승 : 며칠 후 A 회사 주가가 13만 원으로 상승합니다.
- 주식 매입 : B는 시장에서 13만 원에 주식을 다시 매입합니다.
- 주식 반환 : B는 매입한 주식을 증권사에 반환합니다.

이 경우, B는 10만 원에 매도하고 13만 원에 매입했으므로 3만 원의 손실을 보게 됩니다(수수료 및 이자 비용 제외).

공매도는 주가 하락에 베팅하여 이익을 얻는 투자 기법입니다. 이는 주식을 빌려서 판매한 후, 주가가 하락하면 더 낮은 가격에 매입하여 차익을 얻는 방식으로 작동합니다. 공매도는 하락장에서 수익을 창출할 수 있고, 시장의 유동성을 증가시키는 장점이 있지만, 무제한 손실 가능성, 규제 및 제한, 이자와 수수료 비용 등의 위험이 있습니다.

주식 담보대출은 무엇이며, 어떻게 이용하나요?

주식 담보대출은 투자자가 보유하고 있는 주식을 담보로 금융기관이나 증권사에서 자금을 대출받는 것을 말합니다. 이는 주식 투자를 위한 추가 자금을 마련하거나, 긴급한 자금이 필요할 때 활용할 수 있는 방법입니다.

예를 들어, A 씨가 삼성전자 주식을 1,000주 보유하고 있다고 가정해 봅시다. 현재 삼성전자 주식의 가격이 7만 원이라면, A씨의 보유 주식 가치는 7천만 원입니다. A 씨는 이 주식을 담보로 증권사에서 대출을 받기로 결정합니다.

1. **주식 평가** : 증권사는 A 씨의 주식 가치를 평가하여, 대출할 수 있는 금액을 산정합니다. 일반적으로 주식 담보대출의 한도는 주식 가치의 50~70% 정도입니다. 이 경우 A 씨는 최대 4,900만 원(7천만 원의

70%)까지 대출받을 수 있습니다.

2. **대출 신청** : A 씨는 증권사에 대출을 신청하고, 필요한 서류를 제출합니다.

3. **담보 설정** : 대출이 승인되면, A 씨의 삼성전자 주식 1,000주가 담보로 설정됩니다.

4. **대출 실행** : A씨는 4,900만 원을 대출받아 계좌에 입금받습니다.

5. **상환** : A 씨는 대출 원금과 이자를 정해진 기간 내에 상환합니다. 상환이 완료되면 삼성전자 주식 1,000주가 다시 A 씨에게 반환됩니다.

주식 담보대출의 장점은 다음과 같습니다.

1. **유동성 확보** : 보유 주식을 매도하지 않고도 자금을 마련할 수 있어 유동성을 확보할 수 있습니다.

2. **투자 기회 포착** : 추가 자금을 이용해 더 많은 투자 기회를 포착할 수 있습니다. 주가 상승이 예상되는 종목에 추가로 투자하거나, 급한 자금이 필요할 때 활용할 수 있습니다.

3. **비용 절감** : 주식을 매도할 때 발생하는 세금과 수수료를 피할 수 있습니다. 대신 대출 이자를 지급하게 됩니다.

주식 담보대출의 단점과 위험은 다음과 같습니다.

1. **이자 비용** : 대출에 따른 이자 비용이 발생합니다. 이자율은 대출 금

액과 기간에 따라 다르며, 이 비용을 고려해야 합니다.

2. **담보 주식 가치 하락 위험** : 담보로 설정된 주식의 가치가 하락하면 추가 담보를 요구받을 수 있습니다. 때에 따라서는 대출 상환을 요구받을 수도 있습니다.

3. **상환 의무** : 대출 원금과 이자를 정해진 기간 내에 상환해야 합니다. 상환 능력을 충분히 고려한 후 대출을 이용해야 합니다.

주식 담보대출은 보유 주식을 담보로 자금을 대출받는 방법으로, 유동성을 확보하고 추가 투자 기회를 포착하는 데 유용할 수 있습니다. 그러나 이자 비용, 담보 주식 가치 하락 위험, 상환 의무 등 위험을 충분히 이해하고 신중하게 이용해야 합니다.

기업공개는 무엇인가요?

IPO(기업공개)는 한 기업이 처음으로 주식을 공개 시장에 상장하여 일반 투자자들에게 판매하는 것을 말합니다. 쉽게 말해, 비상장 기업이 주식시장에서 주식을 거래할 수 있게 되는 과정입니다. 이를 통해 기업은 자금을 조달하고, 일반 투자자들은 새로운 투자 기회를 얻을 수 있습니다.

IPOInitial Public Offering는 여러 단계로 이루어지며, 기업과 투자자 모두에게 중요한 과정입니다. 먼저, 기업은 IPO를 준비하기 위해 내부적으로 재무 상태를 정리하고, 외부 감사인을 통해 재무제표를 검토받습니다. 이 과정에서 기업은 IPO를 진행하기 위해 증권사(주관사)를 선정합니다. 주관사는 IPO 절차를 지원하고, 주식을 일반 투자자에게 판매하는 역할을 합니다.

이후 기업은 금융당국에 IPO 신청서를 제출합니다. 금융당국은 기업의 재무 상태와 경영 투명성을 검토한 후 IPO를 승인합니다. IPO 승인이 나면, 기업과 주관사는 시장 조사와 수요 예측을 통해 주식 발행 가격을 결정합니다. 이를 통해 공모가가 정해지고, 투자자들이 주식을 구매할 수 있는 가격이 확정됩니다.

다음 단계는 공모입니다. 공모가가 결정된 후, 일반 투자자들에게 주식을 판매하는 공모가 진행됩니다. 투자자들은 증권사를 통해 주식을 청약할 수 있습니다. 공모가 마감 후, 주식 배정이 이루어지며, 수요가 많을 때 청약자가 원하는 만큼의 주식을 배정받지 못할 수도 있습니다. 마지막으로, IPO가 완료되면 기업의 주식이 증권거래소에 상장되고, 일반 투자자들이 주식을 자유롭게 거래할 수 있게 됩니다.

기업들이 IPO를 하는 이유

기업들이 IPO를 통해 얻는 주요 이점은 다음과 같습니다.

첫째, 자금 조달입니다. 기업은 IPO를 통해 대규모 자금을 조달할 수 있습니다. 이 자금은 연구개발, 사업 확장, 부채 상환 등 다양한 목적으로 사용될 수 있습니다. 예를 들어, 새로운 제품 개발이나 해외 시장 진출을 위한 자금을 마련하는 데 도움이 됩니다.

둘째, 브랜드 인지도 상승입니다. IPO를 통해 기업은 대중의 관심을 끌고, 브랜드 인지도를 높일 수 있습니다. 상장 기업은 더 많은 언론의 주목을 받으며, 고객과 투자자들에게 신뢰를 줄 수 있습니다.

셋째, 경영 투명성 강화입니다. 상장 기업은 정기적으로 재무제표를 공시하고, 경영 활동을 투명하게 공개해야 합니다. 이는 경영 투명성을 높이고, 투자자와의 신뢰를 강화하는 데 도움이 됩니다.

넷째, 주식 유동성 제공입니다. IPO를 통해 기존 주주들은 보유 주식을 쉽게 매도할 기회를 얻게 됩니다. 이는 초기 투자자나 직원들이 자신의 주식을 현금화할 좋은 기회가 됩니다.

마지막으로, 인수합병M&A **활용**입니다. 상장 기업은 주식을 활용하여 인수합병 M&A 을 진행할 수 있습니다. 주식을 교환하는 방식으로 다른 기업을 인수하거나 합병할 때 유리한 조건을 만들 수 있습니다.

IPO 종목

종목명	공모가	상장단계	주관사	청약종료일
그리드위즈	40,000	공모청약	삼성증권	2024.06.04.
라메디텍	16,000	공모청약	대신증권	2024.06.07.
디비금융스팩12호	2,000	공모청약	DB금융투자	2024.06.07.
미래에셋비전스팩5호	2,000	공모청약	미래에셋증권	2024.06.11.
씨어스테크놀로지	17,000	공모청약	한국투자증권	2024.06.11.

<출처 : 네이버>

IPO는 기업이 처음으로 주식을 공개 시장에 상장하여 일반 투자자들에게 판매하는 과정입니다. 기업은 IPO를 통해 자금을 조달하고, 브랜드 인지도를 높이며, 경영 투명성을 강화하고, 주식 유동성을 제공할 수 있습니

다. 일반 투자자는 증권사 계좌를 개설하고, 청약 신청을 통해 IPO에 참여할 수 있습니다. IPO는 기업과 투자자 모두에게 중요한 기회를 제공하지만, 충분한 정보를 수집하고 신중하게 참여하는 것이 중요합니다.

06

시가총액이란 무엇인가요?

시가총액Market Capitalization은 한 기업의 주식 가치가 시장에서 얼마나 평가받고 있는지를 나타내는 지표입니다. 이는 기업의 전체 주식 수에 현재 주식 시장 가격을 곱해서 계산합니다. 쉽게 말해, 시가총액은 해당 기업을 현재 시장 가격으로 모두 사들이기 위해, 필요한 총금액을 의미합니다.

시가총액을 계산하는 방법은 간단합니다. 기업의 현재 주식 가격에 총발행 주식 수를 곱하면 됩니다. 다음은 시가총액 계산 공식입니다.

시가총액 = 현재 주식 가격 × 총 발행 주식 수

삼성전자 주식의 현재 가격이 75,700만 원(2024년 6월 13일 종가 기준)이고, 총발행 주식 수가 5,969,782,550주입니다. 이 경우 삼성전자의 시가총액은 다음과 같이 계산됩니다.

시가총액 = 78,600만 원 × 5,969,782,550주 = 469.2조 원

즉, 삼성전자의 시가총액은 469.2조 원이 됩니다. 이는 삼성전자가 현재 시장에서 469.2조 원의 가치를 가지고 있다는 의미입니다.

삼성전자 005930 코스피 2024.06.13 기준(장마감)

78,600	전일 **76,500**	고가 **79,000** (상한가 99,400)		거래량 **33,322,054**	
전일대비 ▲ **2,100** **+2.75%**	시가 **78,400**	저가 **77,800** (하한가 53,600)		거래대금 **2,614,043** 백만	

선차트 1일 1주일 3개월 1년 3년 5년 10년

시가총액	**469조 2,249억원**
시가총액순위	코스피 1위
상장주식수	5,969,782,550
액면가 | 매매단위	100원 | 1주
외국인한도주식수(A)	5,969,782,550
외국인보유주식수(B)	3,300,778,905
외국인소진율(B/A)	**55.29%**
투자의견 | 목표주가	4.00매수 | 104,240
52주최고 | 최저	86,000 | 65,800
PER | EPS(2024.03)	27.11배 | 2,899원
추정PER | EPS	15.45배 | 5,088원
PBR | BPS (2024.03)	1.47배 | 53,339원
배당수익률 2023.12	1.84%

<출처 : 네이버페이 증권>

시가총액은 투자자들에게 여러 가지 중요한 정보를 제공합니다. 다음은 시가총액이 중요한 이유입니다.

1. 기업의 규모 파악

시가총액은 기업의 규모를 파악하는 데 유용한 지표입니다. 대체로 시가 총액이 큰 기업은 안정적이고 성숙한 기업으로 간주하며, 시가총액이 작은 기업은 성장 잠재력이 크지만, 변동성이 높은 경향이 있습니다. 예를 들어, 삼성전자는 시가총액이 매우 큰 기업으로, 안정적이고 성숙한 기업으로 평가됩니다. 반면, 스타트업이나 중소기업의 시가총액은 상대적으로 작지만 성장 잠재력이 높습니다.

2. 투자 위험 분석

시가총액을 통해 투자 위험을 분석할 수 있습니다. 시가총액이 큰 대기업은 일반적으로 재정 상태가 안정적이고, 경제 상황의 변화에 덜 민감한 경향이 있습니다. 반면, 시가총액이 작은 기업은 더 큰 성장 잠재력을 가지고 있지만, 동시에 높은 투자 위험을 수반합니다. 예를 들어, 시가총액이 큰 삼성전자에 투자하면 안정적인 수익을 기대할 수 있지만, 급격한 성장은 기대하기 어렵습니다. 반면, 시가총액이 작은 신생 바이오 회사에 투자하면 큰 성장을 기대할 수 있지만, 그만큼 실패할 위험도 큽니다.

3. 시장의 신뢰도

시가총액은 시장에서 해당 기업에 대한 신뢰도를 반영합니다. 시가총액이 큰 기업은 많은 투자자들에게 신뢰받고 있으며, 이는 기업의 주가에도 긍정적인 영향을 미칩니다. 예를 들어, 시가총액이 큰 애플은 전 세계 투자자들에게 신뢰받는 기업으로, 주가도 안정적이고 지속적으로 성장하고 있습니다.

시가총액은 한 기업의 주식 가치가 시장에서 얼마나 평가받고 있는지를 나타내는 지표로, 현재 주식 가격에 총발행 주식 수를 곱해서 계산합니다. 시가총액을 통해 기업의 규모를 파악하고, 투자 위험을 분석하며, 시장의 신뢰도를 평가할 수 있습니다. 이를 통해 투자자는 더 정확하고 신뢰성 있는 투자 결정을 내릴 수 있습니다.

07

유동성이란 무엇인가요?

유동성은 자산을 빠르고 쉽게 현금으로 전환할 수 있는 능력을 말합니다. 주식 시장에서는 주식을 사고팔 수 있는 용이성을 의미합니다. 유동성이 높은 주식은 언제든지 쉽게 매수하거나 매도할 수 있는 주식을 말하며, 유동성이 낮은 주식은 거래가 적어서 매수하거나 매도하기 어려운 주식을 의미합니다.

유동성은 투자자에 여러 가지 중요한 정보를 제공하며, 투자 결정에 큰 영향을 미칩니다. 다음은 유동성이 중요한 이유입니다.

1. 거래의 용이성

유동성이 높은 주식은 거래가 활발하여 언제든지 원하는 시점에 주식을 사고팔 수 있습니다. 이는 투자자에게 큰 장점이 됩니다. 주식을 빨리 팔아야 하는 상황이나, 급하게 주식을 사야 하는 상황에서도 유동성이 높으면 문제가 없습니다.

2. 가격 변동성 완화

유동성이 높은 주식은 거래량이 많아 주가의 변동성이 상대적으로 낮습니다. 이는 안정적인 투자 환경을 제공합니다. 반면, 유동성이 낮은 주식은 거래가 적어 작은 거래에도 주가가 크게 변동할 수 있습니다.

3. 투자 위험 감소

유동성이 높으면 주식을 필요할 때 쉽게 현금으로 전환할 수 있어 투자 위험이 줄어듭니다. 이는 특히 시장이 불안정하거나 급격한 변동이 있을 때 중요한 요소입니다.

예를 들어, A 씨가 삼성전자 주식과 작은 벤처 기업의 주식을 각각 100주 보유하고 있다고 가정해 봅시다. 삼성전자 주식은 유동성이 매우 높아 A 씨가 언제든지 쉽게 매도할 수 있습니다. 그러나 작은 벤처 기업의 주식은 유동성이 낮아 A 씨가 매도하려고 할 때 매수자가 없어서 주식을 팔기 어려울 수 있습니다.

삼성전자 주식의 경우, 많은 투자자들이 거래하므로 주가가 안정적으로 유지됩니다. 반면, 벤처 기업의 주식은 거래가 적어 주가 변동성이 큽니다. 작은 거래에도 주가가 크게 오르거나 내릴 수 있습니다.

유동성은 자산을 빠르고 쉽게 현금으로 전환할 수 있는 능력을 말하며, 주식 시장에서는 주식을 사고팔 수 있는 용이성을 의미합니다. 유동성이 높은 주식은 언제든지 쉽게 거래할 수 있고, 가격 변동성이 낮으며, 투자 위험이 감소합니다. 반면, 유동성이 낮은 주식은 거래가 어려워 주가 변동성이 크고, 투자 위험이 큽니다.

08

정치적 이벤트가 주가에 미치는 영향은 무엇인가요?

정치적 이벤트는 주식 시장에 큰 영향을 미칠 수 있습니다. 이러한 이벤트는 정책 변화, 선거 결과, 국제 분쟁 등 다양한 형태로 나타날 수 있으며, 투자자들의 심리에 영향을 주어 주가 변동을 초래합니다.

1. 정책 변화

정부의 경제 정책 변화는 주식 시장에 직접적인 영향을 미칩니다. 예를 들어, 세금 정책, 금리 인상 또는 인하, 재정 정책 등이 포함됩니다. 이러한 변화는 기업의 이익과 경제 전반에 영향을 미칠 수 있습니다. 만약 정부가 기업 세금을 인하한다고 발표하면, 기업의 순이익이 증가할 것으로 예상되어 주가가 상승할 수 있습니다. 반대로, 세금 인상이 발표되면 기업 비용이 증가하여 주가가 하락할 수 있습니다.

2. 선거 결과

선거 결과도 주가에 큰 영향을 미칠 수 있습니다. 새로운 정부가 들어서면 정책 변화가 예상되기 때문에, 투자자들은 이를 반영하여 주식을 매수하거나 매도할 수 있습니다. 예를 들어, 미국 대선에서 친기업적인 후보가 당선되면, 시장은 경제 성장이 촉진될 것이라는 기대감으로 주가가 상승할 수 있습니다. 반면, 기업 규제를 강화하겠다는 후보가 당선되면 주가가 하락할 수 있습니다.

3. 국제 분쟁

국제 분쟁이나 무역 전쟁 등은 세계 경제에 불확실성을 초래하여 주식 시장에 부정적인 영향을 미칠 수 있습니다. 이러한 분쟁은 기업의 수출입에 영향을 미치고, 경제 활동을 둔화시킬 수 있습니다. 예를 들어, 미국과 중국 간의 무역 전쟁이 발생하면, 양국의 기업들은 수출입에 어려움을 겪을 수 있어 주가가 하락할 가능성이 높습니다. 특히, 무역에 크게 의존하는 기업들의 주가는 큰 타격을 받을 수 있습니다.

4. 경제 제재 및 규제

한 국가가 다른 국가에 경제 제재를 가하거나, 특정 산업에 대한 규제를 강화하면 관련 기업들의 주가가 하락할 수 있습니다. 이는 기업의 매출과 이익에 직접적인 영향을 미치기 때문입니다. 예를 들어, 만약 특정 국가에 대한 경제 제재가 강화되면, 해당 국가에 진출해 있는 기업들의 주가가 하락할 수 있습니다. 특히, 제재로 인해 수출입이 제한되면 기업의 수익성에 큰 타격을 입을 수 있습니다.

5. 정치적 불안정성

정치적 불안정성은 투자자들에게 큰 불확실성을 가져다줍니다. 정부가 불안정하거나, 정권 교체가 빈번하게 일어나면, 경제 정책의 일관성이 떨어져 기업 경영에 불확실성을 초래합니다. 예를 들어, 특정 국가에서 정치적 불안정성이 커지면, 투자자들은 해당 국가의 자산을 회피하려고 할 수 있습니다. 이에 따라 주가가 하락하고, 환율 변동이 발생할 수 있습니다.

예를 들어, A 국가에서 대선이 열리고 있으며, 주요 후보 두 명이 있습니다. 한 명은 친기업적인 정책을 지지하고, 다른 한 명은 기업 규제를 강화하려는 입장입니다. 선거 결과 친기업적인 후보가 당선되면, 시장은 긍정적인 전망을 반영하여 주가가 상승할 수 있습니다. 반대로, 기업 규제를 강화하려는 후보가 당선되면, 기업 비용 증가와 이익 감소를 우려하여 주가가 하락할 수 있습니다.

정치적 이벤트는 주식 시장에 큰 영향을 미칩니다. 정책 변화, 선거 결과, 국제 분쟁, 경제 제재 및 규제, 정치적 불안정성 등 다양한 정치적 요소들이 투자자들의 심리에 영향을 주어 주가 변동을 초래합니다. 투자자들은 이러한 정치적 이벤트를 주의 깊게 관찰하고, 이를 반영하여 투자 전략을 세우는 것이 중요합니다.

09

환율 변동이 주식에 미치는 영향은 무엇인가요?

환율은 한 나라의 통화와 다른 나라의 통화 간 교환 비율을 말합니다. 예를 들어, 1달러가 1,200원에서 1,300원으로 변하면 이는 원화 가치가 하락(원화 약세)하고, 달러 가치가 상승(달러 강세)한 것을 의미합니다. 반대로 1달러가 1,300원에서 1,200원으로 변하면 이는 원화 가치가 상승(원화 강세)하고, 달러 가치가 하락(달러 약세)한 것을 의미합니다.

한율 변동은 주식 시장에 여러 가지 방식으로 영향을 미칩니다. 기업의 수익성과 투자자들의 심리에 직접적인 영향을 미치기 때문에 주가에 큰 영향을 줄 수 있습니다.

1. 수출기업과 수입기업

환율 변동은 특히 수출기업과 수입기업에 큰 영향을 미칩니다.

수출기업은 제품을 해외에 판매하여 외화를 벌어들이는 기업입니다. 환율이 상승(원화 약세)하면 외화로 벌어들이는 수익이 원화로 환산될 때 더 많아지므로, 수익성이 좋아집니다. 예를 들어, 삼성전자가 미국에 스마트폰을 수출한다고 가정해 봅시다. 1달러가 1,200원에서 1,300원으로 상승하면, 같은 제품을 팔아도 더 많은 원화를 벌어들일 수 있어 수익이 증가합니다. 따라서 환율이 상승하면 삼성전자 주가가 상승할 가능성이 높습니다.

수입기업은 해외에서 원자재나 제품을 수입하여 판매하는 기업입니다. 환율이 상승(원화 약세)하면 수입 원가가 증가하여 비용이 커지므로, 수익성이 나빠집니다. 예를 들어, 국내 자동차 제조업체가 미국에서 원자재를 수입한다고 가정해 봅시다. 1달러가 1,200원에서 1,300원으로 상승하면 원자재 비용이 증가하여 제조 비용이 커지고, 따라서 수익이 감소할 수 있습니다. 이에 따라 해당 기업의 주가는 하락할 가능성이 있습니다.

2. 외국인 투자자

환율 변동은 외국인 투자자들에게도 큰 영향을 미칩니다. 외국인 투자자들은 주식을 사고팔 때 환율 변동을 고려합니다.

환율 상승(원화 약세)

환율이 상승하면 외국인 투자자들에게는 주식 매수 비용이 상대적으로 낮아지기 때문에 매력적으로 보일 수 있습니다. 이는 외국인 자본 유입을 증가시키고, 주가를 상승시키는 요인이 될 수 있습니다. 예를 들어, 외국인 투자자가 1달러에 1,200원일 때 삼성전자 주식을 매수하고자 했지만, 환율이 1,300원으로 상승하면 동일한 달러로 더 많은 주식을 매수할 수 있게 됩니다. 따라서 외국인 투자자들의 매수세가 증가할 수 있습니다.

환율 하락(원화 강세)

환율이 하락하면 외국인 투자자들에게는 주식 매수 비용이 상대적으로 커지기 때문에 매력을 잃을 수 있습니다. 이는 외국인 자본 유출을 증가시키고, 주가를 하락시키는 요인이 될 수 있습니다. 예를 들어, 앞의 경우와 반대로 환율이 1,300원에서 1,200원으로 하락하면 외국인 투자자들이 동일한 달러로 매수할 수 있는 주식 수가 줄어들게 됩니다. 따라서 외국인 투자자들의 매도세가 증가할 수 있습니다.

3. 경제 전반에 미치는 영향

환율 변동은 국가 경제 전반에도 영향을 미칩니다. 환율이 급격히 변동하면 수출입 가격이 불안정해지고, 물가 상승(인플레이션)이나 경기 침체 등의 경제적 영향을 미칠 수 있습니다. 예를 들어, 환율이 급격히 상승하면 수입 원자재 가격이 오르고, 이는 소비자 물가 상승으로 이어져 인플레이션을 유발할 수 있습니다. 이러한 경제적 불안정성은 주식 시장 전체에 부정적인 영향을 미칠 수 있습니다.

환율 변동은 주식 시장에 다양한 영향을 미칩니다. 수출기업과 수입기업의 수익성, 외국인 투자자들의 투자 결정, 국가 경제 전반에 걸쳐 영향을 미치기 때문에, 투자자들은 환율 변동을 주의 깊게 살펴보고 이에 맞춰 투자 전략을 세워야 합니다. 환율 변동을 잘 이해하고 대응하면 더욱 신뢰성 있는 투자 결정을 내릴 수 있습니다.

10

금리 변동이 주가에 미치는 영향은 무엇인가요?

금리는 돈을 빌리거나 빌려줄 때 적용되는 이자율을 말합니다. 중앙은행은 경제 상황에 따라 금리를 인상하거나 인하할 수 있습니다. 금리 인상은 돈을 빌리는 비용을 높이고, 금리 인하는 돈을 빌리는 비용을 낮춥니다. 이러한 금리 변동은 경제 전반에 걸쳐 다양한 영향을 미치며, 주식 시장에도 큰 영향을 줍니다.

금리 변동은 주식 시장에 여러 가지 방식으로 영향을 미칩니다. 기업의 자금 조달 비용, 소비자의 소비 활동, 투자자들의 투자 심리 등에 직접적인 영향을 미치기 때문에 주가 변동을 초래할 수 있습니다.

1. 금리 인상

- 기업의 자금 조달 비용 증가 : 금리가 인상되면 기업의 대출 이자 비용이 증가해 순이익이 감소하고, 주가에 부정적인 영향을 미칩니다. 예

를 들어, 중앙은행이 금리를 인상하면, A 기업은 더 높은 이자를 지급해야 하고, 순이익이 줄어들어 주가가 하락할 가능성이 있습니다.

- 소비자의 소비 감소 : 금리가 인상되면 소비자들의 대출 비용이 증가해 소비가 줄어듭니다. 예를 들어, B 씨는 주택담보대출 이자가 증가해 소비를 줄이고, 이를 이용하던 유통기업의 매출이 감소해 주가가 하락할 수 있습니다.

- 투자 대안의 매력 향상 : 금리 인상으로 채권 등의 수익률이 높아지면, 투자자들은 주식보다 채권을 선호하게 됩니다. 예를 들어, C 씨는 채권의 이자 수익이 높아져 주식 대신 채권에 투자하고, 주식 시장에서 자금이 유출되어 주가가 하락할 수 있습니다.

2. 금리 인하

- 기업의 자금 조달 비용 감소 : 금리가 인하되면 기업의 대출 이자 비용이 감소해 순이익이 증가하고, 주가에 긍정적인 영향을 미칩니다.

- 소비자의 소비 증가 : 금리가 인하되면 소비자들의 대출 비용이 감소해 소비가 늘어납니다. 이는 기업의 매출 증가로 이어질 수 있습니다.

- 투자 대안의 매력 감소 : 금리 인하로 채권 등의 수익률이 낮아지면, 투자자들은 주식을 선호하게 됩니다. 이는 주식 시장으로 자금이 유입되어 주가가 상승할 수 있습니다.

중앙은행이 금리를 인상한다고 발표하면, 기업들은 더 높은 이자를 지급해야 하므로 비용이 증가하고, 소비자들은 대출 비용이 증가하여 소비를 줄이게 됩니다. 이는 기업의 매출 감소와 이익 감소로 이어져 주가가 하락할 가능성이 높아집니다. 반대로, 중앙은행이 금리를 인하한다고 발표하면, 기업들은 더 낮은 이자를 지급하게 되어 비용이 감소하고, 소비자들은 대출 비용이 감소하여 소비를 늘리게 됩니다. 이는 기업의 매출 증가와 이익 증가로 이어져 주가가 상승할 가능성이 높아집니다.

금리 변동은 주식 시장에 다양한 영향을 미칩니다. 금리 인상은 기업의 자금 조달 비용 증가, 소비자의 소비 감소, 안전한 투자 대안의 매력 향상 등으로 주가에 부정적인 영향을 미칠 수 있습니다. 반면, 금리 인하는 기업의 자금 조달 비용 감소, 소비자의 소비 증가, 안전한 투자 대안의 매력 감소 등으로 주가에 긍정적인 영향을 미칠 수 있습니다. 투자자들은 금리 변동을 주의 깊게 살펴보고 이에 맞춰 투자 전략을 세우는 것이 중요합니다.

주린이도 따라 할 수 있는 주식 투자 비법

주식투자 이제 시작해 볼까?

초판 1쇄 인쇄 2024년 7월 15일
초판 1쇄 발행 2024년 7월 20일

지은이 백광석
펴낸이 백광석
펴낸곳 다온길

출판등록 2018년 10월 23일 제2018-000064호
전자우편 baik73@gmail.com

ISBN 979-11-6508-587-2 (13320)